·人·口·发·展·战·略·丛·书·

丛书主编　沙 勇

我国哈尼族农村居民的脱贫之路

毛京沭　舒星宇　著

南京大学出版社

图书在版编目(CIP)数据

我国哈尼族农村居民的脱贫之路 / 毛京沭，舒星宇著. 一 南京 ：南京大学出版社，2020.11
(人口发展战略丛书 / 沙勇主编)
ISBN 978-7-305-23890-1

Ⅰ. ①我… Ⅱ. ①毛… ②舒… Ⅲ. ①哈尼族一民族地区一农村一居民一扶贫一工作概况一中国 Ⅳ. ①F127.8

中国版本图书馆 CIP 数据核字(2020)第 209186 号

出版发行 南京大学出版社
社　　址 南京市汉口路 22 号　　邮　编 210093
出 版 人 金鑫荣

丛 书 名 人口发展战略丛书
书　　名 我国哈尼族农村居民的脱贫之路
著　　者 毛京沭　舒星宇
责任编辑 何永国　　编辑热线 025-83686659

照　　排 南京南琳图文制作有限公司
印　　刷 南京玉河印刷厂
开　　本 787×960 1/16 印张 8.75 字数 134 千
版　　次 2020 年 11 月第 1 版 2020 年 11 月第 1 次印刷
ISBN 978-7-305-23890-1
定　　价 35.00 元

网址：http://www.njupco.com
官方微博：http://weibo.com/njupco
官方微信号：njupress
销售咨询热线：(025) 83594756

彭珮云同志对本课题研究的批示

南京邮电大学社会与人口学院的同志们深入边远山区的深度贫困地区，对少数民族农村居民的综合发展问题进行调查研究并提出政策提议，为打好精准脱贫攻坚战做了一件很有意义的工作。希望你们以新时代中国特色社会主义思想为指导，聚焦社会与人口方面的重大问题，深化理论研究，加强理论创新，做出更大的贡献。

彭珮云

2018 年 7 月 18 日

前言

云南省地处祖国西南边陲，长期以来一直是我国扶贫工作的重点攻坚地区。云南省贫困居民主要分布在集中连片特困地区、边远山区、革命老区、少数民族聚居区和边境地区，其中少数民族贫困居民占全省建档立卡贫困居民的43.4%。

根据2010年第六次全国居民普查统计，中国境内的哈尼族总居民为1 660 932人，在云南的哈尼族人数位居云南省少数民族居民第二，主要聚居于红河、江城、墨江及新平、镇沅等县。哈尼族主要从事农业，善于种茶，居住地区多在山区和半山区，长期以来经济发展水平相对落后，成为云南省贫困居民较多、贫困面较广、贫困程度较深的少数民族之一，其主要聚居区也是国家和云南省当前精准扶贫的重点扶贫开发地区。

本项目研究从中国全面建设小康社会和少数民族地区发展的视角，选择云南省哈尼族聚居区作为调研点，深入调查了解云南省哈尼族农村居民在“精准扶贫、精准脱贫”过程中的综合发展问题，当地在贫困对象动态管理中的典型做法和经验教训，探讨和分析在扶贫攻坚的决胜阶段，影响、制约哈尼族农村居民脱贫致富的个人与社会等方面的内、外在因素和机制，目的在于为云南省哈尼族农村居民打赢脱贫攻坚战，解决好“扶持谁”“谁来扶”“怎么扶”等问题提供科学参考和依据，并提出政策建议。

研究根据云南省不同地区的经济社会发展情况，选取了A县、B县、C县3个有代表性的哈尼族聚居县开展深入调研，对当地农村居民的综合发展情况及其影响机制进行实证研究分析。因涉及有关数据保护等事项，本研究报告中的所有地名均采取化名代号。

调查组在2017年11月和2018年1月实地走访和观察了A县、B县和

C县的6个乡镇和12个村庄，在3个样本县召开了由扶贫工作相关各部门负责人参与的3场集体座谈会，对44名县、乡、村级扶贫干部和18名各类型贫困对象分别进行了深度访谈，同时收集了3个样本县建档立卡贫困居民基本信息，进行统计学分析。

本研究得到了云南省红河县委、县政府和县委党校的大力支持，课题组成员：宗占红、朱晓、徐铭东、顾宝昌、孙晓明。本研究也得到调研点各级扶贫办和参与调研的同仁们的大力支持，课题研究成果得到了前国家领导人彭珮云同志的批示和肯定，我们在此表示衷心的感谢。

毛京沭、舒星宇

2020年6月于南京仙林

目　录

第一章　云南省哈尼族概况

哈尼族是古老而历史悠久的世界性民族，主要居住在中国、泰国、老挝、缅甸、越南等国家，其中分布在东南亚地区的哈尼族又被称为阿卡族。哈尼族是云南省特有民族之一，也是人口最多的特有民族，根据2010年第六次全国人口普查统计，中国境内的哈尼族总人口为1 660 932人，在云南的哈尼族位居云南省少数民族人口第二，中国境内的哈尼族主要分布在“两江流域”和“两山之上”，即红河、澜沧江两江流域和哀牢山、蒙乐山两山之上。云南省128个县(市)中，哈尼族分布在119县(市)，其中哈尼族人口在20万人以上的有1个县;10万至20万人的有3个县;1万人至10万人的有11个县(市);1千人至1万人的有12个县(市)。红河州的红河县、元阳县、绿春县，普洱市的墨江县、江城县、宁洱县都属于哈尼族人口较为密集的地区。

哈尼族历史悠久，从唐代时便分化成为单一民族，自唐代以来的汉文文献中，往往以这些族称:“和蛮”“和泥”/“和尼”/“禾泥”“和泥蛮”“斡泥”/“斡尼”“斡泥蛮”、“窝泥”/“窝尼”“俄泥”等来记录哈尼族先民。哈尼族现已发展为拥有众多支系和自称的民族，其自称或支系有哈尼、雅尼、阿卡、豪尼、白宏、碧约、卡多、布都、奕车、西摩罗等。自称“哈尼”的哈尼族主要分布在红河、元阳、绿春、金平、石屏等县，与彝族、傣族、瑶族等民族同居一域。从汉文史料中可以看出，在清代以前，哈尼族先民的族称是相对统一的，清代以后，哈尼族的支系逐渐被细化，但仍主要以“窝泥”来统称哈尼族。哈尼族作为单一民族在隋唐时期形成，这一新兴民族在当时人口较少，而彝族先民与之接触最多，便以其自称“哈尼”来称呼之，而后这一称呼在彝语中发生了音变，成了“和泥”“窝泥”等，汉语中便采用了彝语对哈尼族的称谓，再将其汉化，加上了带有歧视含义的“蛮”字，称作“和蛮”“和泥蛮”“斡泥蛮”等。到了清代以后，哈尼族人口渐渐增多，文献中便出现了“窝泥，自呼哈泥”的自称记载。也就是说，汉文文献中的哈尼族族称来源于彝语，是汉语借用了彝语对哈尼族的称谓。中华人民共和国成立以后按照名从主人的原则确立哈尼族族称"哈尼族"。

哈尼族是云南省独有的少数民族之一,是仅次于彝族的云南省人口数量第二多的少数民族。云南境内哈尼族的一部分祖先,源于古氐羌族群,在哀牢山的红河南岸这一近乎与世隔绝的世外桃源之地,哈尼族依靠勤劳的双手,发挥聪明才智,逐渐探索出与自然环境和谐相处的生存生活方式。在哀牢山南端及红河南岸,这里红河支流众多,沟壑交错,地貌断面多呈现"V"型,地势高低悬殊十分显著,这里的亚热带季风气候十分明显:全年日照达 2 000 小时以上,年平均气温为摄氏 18 度至 20 度,常年降雨量在 800 毫米至 1 800 毫米之间,绝大部分降雨时间集中在 5 月至 10 月,而以 6 月至 8 月最多;其他月份降雨较少。雾气大也是这一地区的显著特点,常常形成茫茫云海,铺天盖地,淹没群山。云海水分含量高,随时化为毛毛雨滋润群山,并与森林植被一起形成的涓涓细流和小溪泉源共同造就了常年流淌不枯的"高山绿色水库",造就了哀牢山"山有多高,水有多高"的景致,这为开垦梯田和灌溉梯田提供了得天独厚的条件。哀牢山区的自然环境,是以气候的垂直立体分布和与之相适应的植被的立体分布为特征。哈尼族正是利用这种地貌和气候的立体性分布特征,建构与之相适应的人居生存空间及农业生态系统的。"森林在上,村寨位于半山腰,梯田立于村寨之下"是哈尼族村落的整体景观。村寨上方要有茂密的原始森林,它护佑着整个村寨,积蓄水源,为村寨提供长流不断的泉水;村寨坐落在半山腰,倚靠在坚实的山脉上,山脉沿村寨两侧继续延伸,寨子旁边有郁郁葱葱的竹林,森林里的泉水经过沟渠引至村寨中,流经整个村寨并最终流向寨子下方的梯田,为人畜饮水和梯田农耕用水提供充足的水源;梯田开垦在村寨下方的缓坡地带,层层叠叠连接着整个村寨。这客观地反映了哈尼族先民原始而传统的生态智慧,追求人与自然的和谐中实现乡村的可持续发展,也是哈尼人民巧妙适于自然、利用自然、变自然生态为农业文化生态的杰作。

在人类发展的历史长河中,哈尼人民曾经创造了灿烂的民族文化,为人类的文明和进步增添了浓重的色彩。如:以元阳境内数十万亩连片的梯田为例,哈尼族梯田依山而就,缭绕云端,似彩虹当空,如梦幻神田,伟岸壮观,叹为观止。具有哈尼族特质的梯田文化,沉淀了这个世界性山地民族的文化底蕴。水是梯田稻作最为重要的元素，哈尼人在大山中修筑了各种沟渠，将一座座村寨、一片片梯田串联起来。更为巧妙的是，哈尼人还发明了刻木分水，根据一条沟渠能够引入的水量以及可供灌溉梯田面积的大小，经各田户集体商议，规定出每份水田应该分得的水量，并将此水量刻在一根横木上，把横木放置于各水沟的分水口，让水自行沿着木刻开口流出而达到分流的效果，既合理高效地利用了水资源，又避免了不同梯田之间用水的争端。这套哈尼人在千百年来于实践中发明的稻作系统，巧妙地维持着哈尼村寨的生态循环。传承千年的稻作系统如今依然在有条不紊地运行着，生产出丰硕的粮食，供养着一代又一代的哈尼人。

作为一个不断迁徙的民族，哈尼族历史上本没有文字，靠口耳相传记事，与一般民族不同之处在于他们并没有稳固的地域生存空间，但他们形成了属于自己的历史悠久的稻作文化，以村寨为生存空间，以梯田农耕为生活资料来源，以家庭生活为基本单元，以村寨管理体系为制度保障的整个生产生活方式，且无论环境如何变化都自觉地坚持实践这套生产生活方式。哈尼族希望本民族能在崇山峻岭之中自力更生，子孙后代能薪火相传，繁衍生息，村寨能实现稳定和睦与繁荣发展，能与自然和谐相处并始终得到自然的恩赐和护佑，形成了富有哈尼族特点的传统生态伦理观念，并反映到宗教祭祀、人生礼仪、传统节日、伦理道德等文化符号和文化现象之中。哈尼族多神崇拜中最核心的部分就是基于万物有灵观念的自然崇拜(多神崇拜)和祖先崇拜。他们相信自然界的万物皆有神灵司管，天地间存在的天神(弥塔直摩)、地神(阿奥)、人间神(阿匹梭摩)、天女神(奥玛)、龙树神(阿玛阿搓)、家神(合沙尼沙)、山神、水神、寨神等，它们主宰着人间的幸福灾祸，神圣不可侵犯，每逢农业生产节令、集体狩猎活动或者村寨发生重大事件时，必须对它们定期或不定期祭祀，以祈求各种神灵的护佑。农历阳春三月，哈尼族拉开栽插秧苗的序幕，举行“开秧门”仪式祈求万事顺遂；时至六月，哈尼族人民杀牛分食，祭祀祖先，欢度“六月节”预祝风调雨顺五谷丰登；十月年则是哈尼族一年中最隆重的节庆，此时正值稻谷收割完毕，哈尼人举行长街宴等活动，以此庆丰收迎新年，展示丰收硕果……而与节庆祭祀活动相关的四季生产调、栽秧山歌、乐作舞等哈尼族传统的农耕歌舞，时至今日也还在梯田中一遍遍上演、流传。

哈尼族的民族节日是"苦扎扎节"，主要是在农历五月也就是新历的六月，一般欢度三到五天，因为居住地不同，有的也会选择在四月底的火把节中度过，而在红河地区就是在六七月这个时间过。在节日期间热闹非凡，这代表着哈尼人民对此节日的敬畏，因为他们想火永久不熄，在他们眼里，火代表着整个家庭的生命。在新春佳节的时候，全家人这个时候每个成员也都到齐了，一大早他们便一家老小开始准备着一年一次的重大宴席，洗菜、生火、煮米，进行着备宴的每一道工序，每人脸上都绽放着幸福之花。待到午时，各自将家中精心准备的宴席都依次摆放在自己所住村子或者街镇上的街心，每家每户的餐宴连接在一起，甚似一条绵延不断而生龙活虎的长龙。哈尼人民把餐宴摆放好之后便一起和街坊邻居入席共进餐食和同饮欢酒，共同庆祝新春佳节，此时整条"长龙"谈笑风生，美味飘香，喜气冲天。在春节过后，红河一带的哈尼族还有"吃新谷"的习俗，时间在农历七月的第一个龙日。在这个时候正值春季，每户人家都会去自家田地里拔一捆连着根带着穗的稻子回家，且在拔稻穗的过程中还要选择不是双排种的，同时在背回家的过程当中不管遇到生人还是熟人都不能打招呼，若是说了话就会被视为不吉。回到家中把稻穗戴上手套用手搓下谷粒，连壳放入锅中翻炒，直到谷粒炒开了米花。当米花弄成时，若家里养着狗的便要让狗先吃一些，因为传说中，哈尼族经历过一场洪灾后重新获得的粮食是由狗叼来的，为了感谢它所以要将一年开始新春的粮食先给它吃。吃过米花之后，也要将各自当年种的瓜果蔬菜都拿出来吃，而且还要吃一碗竹笋，代表着未来一年的收成可以像新笋一样一节比一节高，同时还要吃自家腌制好的大鱼大肉，期望着未来一年的生活里能够富足美满。

哈尼族极喜饮酒，酒是哈尼族表示礼节、遵守信义、联络感情不可缺少的饮料。同时，由于哈尼族传统宗教思想认为酒是通神的媒介，酒也是宗教祭祀活动不可或缺的物品。除此，客人来家、逢年过节、红白喜事、宗教祭祀、民俗祭仪，务必杀鸡宰鸭、杀猪宰牛，用其鲜血制作成"白旺"，并作为上等菜肴，以此待客，表明主人宰杀的鸡、鸭、猪、牛不是病死的，而是当场宰杀的，且健康无病的。

哈尼族传统婚姻是一夫一妻制，且实行严格民族内婚、支系内婚，同宗同姓(同图腾)不婚、姨表不婚和姑舅表优婚等制度，并保留着转房制、抢婚制以及兄亡弟娶、姐亡妹嫁等形式。哈尼族婚礼的举行，仅仅只表明男女双方结缔了婚姻关系，并不意味着圆房。红河哈尼族至今还保持着“里夏夏”（“新媳妇不落夫家”）的传统习俗。哈尼族的日常生活习惯处处透露着哈尼族民间信仰文化的特点。在服饰方面，由于哈尼族传统宗教崇拜自然灵物、图腾神灵等，他们将自己的信仰绣在了自己的传统服饰上，以此展示自己的虔诚崇拜和顶礼膜拜。

目前，哈尼族传统文化观念中仍然存在着一些陈规陋习和不良风气，有一些与当今社会发展不相吻合的因素需要进一步整合。哈尼族大部分生活在山区，受地理条件的影响，竞争意识不强，容易自我满足，许多哈尼族群众仍然满足于“一碗肉、一壶酒”“大米饭、吃饱肚”的安于现状的生活，在边远哈尼族村社里“吃在酒上，用在鬼上”的现象还很普遍，每年哈尼族用在酒上的开支很大，逢年过节、婚丧嫁娶、亲友聚会都要喝得酩酊大醉，如在节日期间轮流做东，大摆酒宴宴请本村或本家亲戚，短则一天，长则几天。民族节日众多，生活无计划，丧葬习俗繁杂，因丧返贫、因丧致贫情况较为突出。在哈尼族地区重农轻商，市场意识和自我发展观念不强，严重影响了自身创造能力的充分发挥。“长街宴”还是“见者有份”的分配习俗，一方面折射出哈尼民族豪放、热情、耿直的文化特质，这是哈尼族最引以为自豪的民族精神；另一方面，从经济学的角度加以考察的话，“长街宴”不仅增加了农户的负担，而且也不利于资本积累。而“见者有份”的分配习俗，付出艰辛劳动获得分享猎物那是无可厚非的，但是，因为运气好，即使不参加狩猎也没有参加撵山付出劳动，只是碰巧遇到分配猎物就能平均分得一份，实在没有什么道理。相反，这种现象的深层次的文化内涵，容易助长好逸恶劳、贪恋便宜、巧取豪夺的负面的民族特征。哈尼族的“长街宴”、“见者有份”、分家、家庭财产的继承和移交的习惯，“重男轻女”和“多子多福”的生育观，从发展经济的角度来讲，制约着哈尼人民的商品观念的形成，影响了哈尼族家庭的资本积累和哈尼族社会的经济发展。哈尼族主要从事农业，居住地多在山区和半山区，长期以来经济发展水平相对落后，成为云南省贫困人口较多、贫困面较广、贫困程度较深的少数民族之一，其主要聚居区也是国家和云南省当前精准扶贫的重点扶贫开发地区。

第二章　云南哈尼族农村居民综合发展状况

习近平总书记在中国共产党第十九次代表大会的报告中提出："明确新时代我国社会主要矛盾是人民日益增长的美好生活需要和不平衡不充分的发展之间的矛盾，必须坚持以人民为中心的发展思想，不断促进人的全面发展、全体人民共同富裕。"同时，还提出"深入开展脱贫攻坚，保证全体人民在共建共享发展中有更多获得感，不断促进人的全面发展、全体人民共同富裕"。"坚持大扶贫格局，注重扶贫同扶志、扶智相结合。"中国作为世界上人口数量最多的发展中国家，始终将减少贫困作为治国理政的重中之重，特别是改革开放以来，中国在减少绝对贫困居民数量和降低贫困发生率等方面取得举世瞩目的成就，对人类的反贫困工作做出了巨大贡献。目前，中国贫困居民主要集中在老少边穷地区，是由资源禀赋不足、生产条件恶劣、交通闭塞等带有明显地域性特征的约束条件导致的区域性贫困，其贫困面之大、贫困度之深均达到一定程度。国家层面提出了"连片特殊贫困地区"的概念，并将其定位于扶贫的"主战场"，因此，打好脱贫攻坚战，对我国如期全面建成小康社会和实现第一个百年奋斗目标具有十分重要的意义。

云南省地处祖国西南边陲，属山地高原地形，山地面积 33.11 万平方公里，占全省国土总面积的 84%；高原面积 3.9 万平方公里，占全省国土总面积的 10%。地形以 C 谷地和云岭山脉南段宽谷为界，分为东、西两大地形区。长期以来，云南省一直是我国扶贫工作的重点攻坚地区，国家的《"八七"扶贫攻坚计划》中，12 个成片贫困地区，云南就占了 3 个。592 个贫困县，云南有 73 个，占 12.3%；且云南的贫困县中民族自治地方有 51 个县，占70%[①]。《中国农村扶贫开发纲要(2011—2020年)》中划定的14个连片特殊贫困带，云南省涉及滇西边境、乌蒙山、滇桂黔石漠化、藏区共4个片区，涵盖15个州市91个县，片区数和片区县数均居全国第一位。据《中国农村贫困监测报告》显示，2014年云南省贫困居民数量达574万，全国排名为第2位，仅低于贵州省；云南省贫困发生率为15.5%，全国排名为第4位。2015年底，云南省有471万建档立卡贫困居民、88个贫困县、4 277个贫困村，贫困发生率12.7%。建档立卡贫困居民主要分布在集中连片特困地区、边远山区、革命老区、少数民族聚居区和边境地区，其中，少数民族贫困居民占全省建档立卡贫困居民的43.4%。

根据2010年第六次全国人口普查统计，中国境内的哈尼族总人口为1 660 932人，位居云南省少数民族居民第二，哈尼族也是2000—2010年间全国和云南省居民增长相对较快的少数民族之一。他们主要分布在中国云南元江和澜沧江之间，分布于红河哈尼族彝族自治县、西双版纳傣族自治州、普洱市和玉溪市，聚居于红河、江城、墨江及新平、镇沅等县。哈尼族主要从事农业，善于种茶，居住地区多在山区和半山区，长期以来经济发展水平相对落后，成为云南省贫困居民较多、贫困面较广、贫困程度较深的少数民族之一，其主要聚居区也是国家和云南省精准扶贫的重点扶贫开发地区。以红河州为例，到2015年末，全州尚有建档立卡贫困居民589 697人，占全省贫困居民总数的12.5%，居全省第三位；贫困发生率16.09%，比全省平均水平高3.41个百分点。红河州有国家扶贫开发工作重点县6个：屏边苗瑶族自治县、泸西县、元阳县、红河县、金平苗族瑶族傣族自治县和绿春县。云南省扶贫开发工作重点县1个：石屏县。集中连片特殊困难地区县7个。近年来，随着各项精准扶贫、精准脱贫政策举措的逐步落实，哈尼族农村居民的生活境况已经有所改善，但是，随着2020年全面实现小康社会时间节点的迫近，当地脱贫攻坚的任务依然十分艰巨。因此，精准扶贫成为全省促进建成全面小康社会、全体人民共同富裕的抓手。

根据云南省不同地区的经济社会发展情况，本课题组于2018年1月

① 周惠仙，秦成逊：《云南少数民族地区扶贫途径研究》，载《经济问题探索》，2008(1)，第71-75页。

21日至28日选取A县、B县、C县3个有代表性的哈尼族聚居县开展定性调查，并收集三县进入国务院扶贫系统的数据库中56 378个家庭，244 501人的信息进行定量分析，了解哈尼族农村居民的综合发展情况，影响和限制哈尼族农村居民脱贫致富的个人与社会等方面的内、外在因素，为云南省哈尼族农村居民打赢脱贫攻坚战，解决好"扶持谁""谁来扶""怎么扶"问题提供科学参考和依据，并提出政策建议。

一、云南省哈尼族农村居民生存发展情况

(一) 生存状况

1. 人口情况

国务院扶贫系统平台中的建档立卡信息反映出以哈尼族为主的贫困居民数量大，其中A、B两县建档贫困居民甚至占到总居民的40%左右。作为哈尼族聚集地区，建档贫困居民也以哈尼族农村居民为最，A县贫困居民中近九成为哈尼族农村居民，远高于B县与C县；以彝族为主的其他少数民族在C县贫困居民中占比最高；汉族居民在A县与B县贫困居民中占比都极低，尽管B县汉族贫困居民比例是最高的，也未超过20%。A、B、C三县进入国务院扶贫系统的数据库中共244 501人，56 378个家庭，其中包括A县124 971人、26 426个家庭，B县95 301人、23 838个家庭，C县24 229人、6 114个家庭。他们平均年龄34±21岁，0～14岁少年儿童占23.2%，15～59岁劳动适龄居民62.9%，60岁及以上老年人占13.9%，属于老年型人口结构。建档贫困居民平均年龄中，A县最为年轻31±21岁，C县为36±21岁，B县为38±21岁。从分位数年龄看，A县建档贫困居民中位年龄为28岁，C县35岁，B县38岁。A县贫困居民中，年龄在69岁以上占5%，C县和B县这一年龄分别为72岁、73岁，与C县、B县建档贫困居民比较，A县建档贫困居民年龄分布明显呈现出相对年轻的状态。建档贫困户平均家庭规模为4.3人，中位家庭规模为4人。通常家庭规模最小是单人户，最大家庭规模在A县，为26人，而B县、C县最大家庭规模分别为15人、12人，A县平均家庭规模最大，近5人的平均家庭规模比B县、C县4人的家庭规模均多1人。平均人均收入为4 358.73元，最低人均收入表现为负债5 785元，最高收入57 252元。建档贫困户家庭中，又以A县

居民规模大、家庭居民多、年龄趋势相对年轻、文化程度相对更低，因而其脱贫任务更重。

建档立卡贫困户目前的状态有已脱贫、未脱贫、返贫三种，已脱贫27 396户，占50.4%；未脱贫28 499户，占48.6%；返贫583户，占1%。各县脱贫进度明显不同，A县66.3%贫困户未脱贫，B县43%，C县仅有10.5%未脱贫家庭。个人状态也显示出同样的信息，C县未脱贫居民不足10%，明显走在三个县前列，而B县脱贫居民也已过半，相对来说A县脱贫任务还比较艰巨，有六成建档贫困居民未脱贫。返贫家庭与居民虽然所占比例极小，但对于脱贫后家庭后续如何发展却有典型意义。

2. 生产情况

哈尼族农村居民大多世代居住于山地、半山地地区，生产力水平相对低下，主要经济生产是以梯田粮食种植业为主，原始、传统农业十分普遍。哈尼族几千年来都有在大山的脊梁上种植梯田的传统，大多数哈尼族农村居民因地制宜地改坡地为梯田，改旱地为水田，以种植水稻为主，但是人均耕地面积相对较少，且耕作难度大，粮食产量较低。新一代的年轻农村居民宁愿放弃"一亩三分地"的生活，外出务工挣钱。留守在村庄的中老年劳动力，也因为梯田的日常维护非常耗时费力，而不能够勤加维护，导致梯田被"撂荒"或者改成了更方便管理的"旱地"。针对此种情况，A县利用哈尼梯田"世界文化遗产""全球重要农业文化遗产"品牌和"马帮侨乡文化"资源，推进以撒玛坝哈尼梯田景区和迤萨马帮侨乡古城景区为核心的旅游开发，引导贫困户主动融入旅游产业发展，发展旅行社1家，农家乐80家，乡村客栈75家，特色民宿1家，全县共有床位4 207张，餐位9 900人。组建乡村旅游合作社3家，辖会员36户，直接解决就业岗位83个，带动112户从事旅游配套产业，直接拉动300余名、间接拉动800余名贫困居民脱贫。

另外一方面，A县积极动员和组织社会力量，提高梯田农业生产效率和农产品附加值。2017年，以LY镇NM村为试点，成立了A县NM云田种植专业合作社，目前发展社员88户683亩，其中建档立卡户28户，合作社通过腾讯企鹅优品、善品公社微商城等平台对A县梯田红米公益宣传和启动预售。通过电商营销，有效交易额达103万多元，稻谷交易量达150 048斤，成米交易量达92 158斤，订单分布浙江、北京、广东、上海、江苏，综合满意度达96%；互联网传播量达1亿人次，互联网视频传播量达1 000万，媒体报道50家；合作社社员新鲜谷子增收0.6元/斤，社区内部非社员新鲜谷子增收0.5元/斤，区域内种植农户新鲜谷子增收0.4元/斤，NM村范围内2017年新鲜蚂蚱谷已经售罄。此做法扩大了该县特色农产品的销售渠道，提高了市场认可度，是值得进一步全县推广的经验。

A县围绕哈尼梯田保护与脱贫攻坚“双赢”目标，以ML村党总支为核心，以合作社为依托，以市场需求为导向，以土地入股为基础，通过由云南中海渔业有限公司引进了适应性强、不钻泥土的台湾泥鳅种苗，建设ML村泥鳅养殖“稻渔共作”示范基地，发展出了“稻渔共作”“稻渔鸭”种养模式。这种模式作为一种稻、泥鳅、鱼、鸭互补共生的农业循环系统，为哈尼族农村居民带来了经济效益，提高了农产品附加值，也改善了梯田的生态环境，扩大了社会影响，并且为全县规模化发展打下了良好基础。

B县突出烤烟、林果主导产业，因地制宜发展特色产业、发展规模种植业和养殖业。根据不同的海拔气候、不同的地理环境布局一批长短结合、以短养长的精准产业。海拔1 600～1 800米区间发展了15万亩核桃，在1 300米左右地带发展4.1万亩桃类，在700～1 200米区间发展12万亩杧果、2.3万亩柑橘，800米以下低海拔区域发展茉莉花、芦荟、火龙果和青枣等产业。培育农产品加工企业168户，农产品加工产值83 865万元，年销售收入25亿元。

C县立足各乡镇、村组的特色资源，主要围绕猪、鱼、茶、烟、紫米等产品种植、养殖和加工等产业抓脱贫，尤其是发展特色产业，确保建档立卡贫困村有1～2个特色产业，贫困户有1～2项增收项目。课题组考察的LZ镇BX村特色产业之一是种韭菜，占全县市场份额90%左右，还给超市供货，其中一个寨（组）120户中70～80户都种韭菜，也卖韭菜花，一批村民靠种韭菜脱了贫。LZ镇KF村一批村民靠种荷兰豆也脱了贫。生猪是NH村的产业，村民的人均可支配收入中三分之一来自养猪，准备成立的村合作社与即将开工的县肉联厂签订了企业加农户的协议，做大“哈尼黑猪”品牌。

3. 基础设施情况

保证住房安全是村民生活的基本需求，国家把危房改造列为精准扶贫的重要举措，如A县聘请第三方中介机构对全县建档立卡贫困户住房等级进行了评定，并由住建部门最终审定贫困户住房等级情况。通过易地扶贫搬迁项目及农村危房改造项目，解决贫困户面临的住房安全问题。2017年，A县2 500户C、D级危房改造指标中，C级危房改造已全部完工，并且开工建设两个易地扶贫搬迁安置点，涉及建档立卡户232户1 000人。B县全面摸清农村危房底数，制定出台《B县哈尼族自治县农村危房改造实施方案》。将全县15个乡(镇)分为7个片区，组织县境内7家建筑企业分片包干，对C、D级农村危房及部分基础设施建设进行统一施工，同时加强监督和管理，确保农村危房改造质量。C县农村危房改造等重点项目和城乡人居环境综合整治正在有序推进，整体的农村人居环境得到了较大改善。

但是，国务院扶贫系统平台中的建档立卡信息显示以哈尼族为主的贫困居民尚有29.2%的人住房为危房，A县在尚未脱贫的贫困居民中，仍有住危房户12 057户54 705人，调查中看到大量村民还居住在土房中，不是贫困户的家庭也有很多跟贫困户家庭的房子一样的破旧，这些土房至少有几十年的历史，是用土和木头搭建的二层楼，一楼养牛、猪、鸡、鸭等，二楼住人及堆放粮食，由于房子年代久远，不少土房墙体开裂，农村人居环境较差，依然普遍存在垃圾乱放乱倒，建筑乱搭乱建，畜禽乱跑、粪便乱排、苍蝇乱飞，污泥浊水遍地流等“脏、乱、差”现象。还有0.5%的村民存在饮用水不安全与饮用水困难的问题。

“路难行”是生存贫困的一个重要方面。近年来，云南省各级政府加大了县、乡、村级道路基础设施建设，2017年的乡村道路建设工程中，已经把水泥路通到了行政村，90%的自然村也基本通了路，从县城到各乡镇的路大部分建设得比较好，但是从乡到各村的路大部分等级较低，从村到各组的路大部分还没有通，由于受地质因素和环境气候因素的制约，路基容易坏，晴通雨阻现象很普遍，尤其是高寒山区的道路安全风险较高，道路养护困难，路况依然很差。有群众反映，“老百姓想修房子，但是路进不去，修不了”。还有群众认为，“路是修到村里了，但是下地干活还是要肩背马驮，干一趟农活往返需要半天的时间，实在不方便”。“若要富，先修路”仍然是哈尼族村民谋求生存的基本诉求。

信息不畅问题依然突出。虽然在2014年实现全部农村电网改造，2017年实现广播电视村村通，4G网络和有线网络覆盖率100%，但与内地发达地区比较，还存在通畅度不高，效率不强的问题，使那些居住在边远山区的贫困人群长期生活在与现代文明隔绝的“孤岛”上，享受信息社会发展的文明成果对他们来说仍比较遥远。

（二）发展状况

1. 教育发展情况

云南哈尼族居民聚集的贫困地区大都是老、少、边、山区，自然环境相对恶劣、交通和信息都十分闭塞，这些情况往往又导致贫困居民素质相对低下，而贫困居民是当地扶贫与脱贫的重要对象，可见，哈尼族贫困居民素质对实现脱贫具有决定性意义。A县加大对贫困对象实施教育扶贫措施，为了解决“因学致/返贫”的问题，针对不同对象，采取了不同做法：对建档立卡户学前教育在校子女每人每一年补助150元。免除建档立卡户小学和初中在校子女的学杂费，同时给予每人每天营养餐补助，对于在校寄宿的学生还给予了生活补助。减免建档立卡户高中或中职在校子女的学费，同时为成绩优异学生提供了助学金。为考上大学的建档立卡户子女办理生源地贷款。LY乡有一户农村居民，家里有两个考上大学的孩子，一个本科、一个专科，因此学费、生活费花费比较多，成为贫困户。为了解决他们的困难，孩子所在学校给予了特困补助，镇政府一次性奖励考上二本院校的学生每人500元，一本院校的每人1 000元，除此以外县团委有“圆梦助学金”，还有各种社会资金对其进行帮助。

B县实施教育扶贫全面覆盖。2016—2017学年，审核发放普通高中国家助学金287.05万元，资助家庭经济困难学生1 607名，审核发放家庭经济贫困幼儿资助金29.67万元，资助家庭经济困难幼儿989名。少数民族农村地区在校学生三餐全包，人均10元标准，两菜一汤，两荤一素。当年脱贫出列的家庭，孩子上高中及其以上的当年给予一次性补助。过去因学致贫较普遍，一家有两个高中以上的学生通常就会陷入贫困。现在每学年都可以申请助学贷款，最高8 000元，贫困家庭孩子上高中学费住宿费也是全部免费。

C县推行和落实国家教育政策，实行“三免一补”（“三免”指免课本费、免杂费、免文具费，“一补”指对小学半寄宿制学生和初中困难学生生活给予补助）。

虽然各级政府在扶贫脱贫过程中加大对基础教育的投入，但教育落后、文化素质低仍是哈尼族农村居民贫困的重要原因之一。调查发现，贫困居民的文化程度普遍不高，大多只有小学文化程度，文盲半文盲、初中文化程度其次，而高中以上文化程度非常罕见。文化程度低，家庭平均受教育年限仅为小学，个人文化程度是小学的亦占到半数以上。A 县建档贫困居民中文盲、半文盲占 27.1%，明显高于 C 县与 B 县。小学文化程度居民介于 C 县与 B 县之间，而初中文化程度的居民比例至少比 C 县和 B 县低 10 个百分点。贫困居民中高中与大学文化程度的比例在本次调查的三个县都不高，但呈现出依 A 县、B 县、C 县的次序比例逐渐升高的趋势。A 县贫困家庭平均文化程度明显低于 C 县、B 县。A 县贫困户中，25%的家庭平均文化程度不超过 3.7 年，仅 25%的家庭平均文化程度在 6.3 年以上；C 县贫困户中，平均文化程度不超过 5 年，25%的家庭平均文化程度在 7.5 年以上；在 B 县贫困户中，平均文化程度不超过 6 年，25%的家庭平均文化程度在 7.5 年以上。

此次调查发现，A 县哈尼族农村居民普遍文化素质比较低，接收信息相对较少，他们的观念虽然在新时代的影响下有所转变，但是由于长期的贫困生活，依然存在着不重视教育，甚至“读书无用论”的观点。

比如，有被调查对象说：“待在本地没有出去打工见过世面的哈尼族孩子，汉语都不会听，而到外地出去打工的，普通话都会听会说了。”“哈尼族群众的生活标准低，吃饱了就行，对孩子的教育也不关注。出去打工的人见了世面，还是有所改变的。”

也有被调查对象说：“以前哈尼族的女孩子都不读书，现在改变很多了，家里面也让女孩子读书了。但是对男孩子读书要求没有那么严格，家里要娇惯得多，重男轻女的观点很严重。”“有些父母和孩子看到别人打工可以挣钱，觉得读书也没用，以后毕业了还是要靠打工挣钱，就更不上学了，因此早早辍学的也有。”有扶贫干部反映，“扶贫工作要求在贫困乡村的适龄儿童不能有辍学的，因此控辍保学任务比较重”。

也有被调查对象反映，不读书的原因并不是不想读书，而是因为经济因素的限制，比如调查中了解到 A 县 HL 村有些孩子考上了高中，但是因为家里没有钱就不去上了，这样的现象并不是个案，“还是多的”，因为这些孩子“在本乡镇读初中吃住是免费的，就好一点，但是读高中得到县上，读书花费多一点就不行了”。“为什么小孩不喜欢上学，是因为读书以后还要自己找工作，而且就业压力大，上学要分流家庭很多资金，资金上不划算。”

2. 健康保障情况

云南哈尼族地区医疗卫生保障条件严重不足，成为制约哈尼族农村居民脱贫的一个瓶颈，为了解决“因病致/返贫”的问题，A县首先加快推进医疗卫生基础设施建设，针对贫困村卫生室不达标问题，筹措下拨资金进行重建及改建。其次，全面完成了所有建档立卡户的基本医疗及大病保险参保工作，提高了建档立卡户在各级医疗机构住院报销的比例，其中在乡镇卫生院住院费用的报销比例为95%，在县级医院住院的费用报销比例为85%，在省、州级医院住院费用的报销比例为70%。第三，对那些符合转诊转院规范，但是住院治疗的医疗费用仍然超过县农村居民人均可支配收入的部分，由县政府兜底保障。第四，成立了大病救治专家组，推进了全县大病筛查工作，力求“筛查出一户先救治一户”。最后，县内所有定点医疗机构均开通绿色通道、一站式服务窗口，实行县域内先诊疗后付费。

B县依据《云南省健康扶贫30条措施》制订了实施方案、行动计划、工作方案。两所公办的二级医院，乡镇卫生院硬件设施达标，每个行政村一个标准化卫生室正在推进中，预计2018年底全覆盖。行政村乡村医生已全部配备到位。建档立卡贫困居民100%参加城乡居民医疗保险，100%参加基本医保，100%签约家庭医生。符合参保条件人员均已参加大病统筹，政府兜底保障逐步完善。因病、年老、残疾或其他特殊原因完全或部分丧失劳动能力的农村贫困对象纳入最低生活保障范围。保障标准按照省、市低保指导标准执行，2017年3252元/年，实现扶贫标准和低保标准两线合一。对建档立卡兜底对象资助参保参合，特困供养对象全额资助参保参合。在新农合报销范围内自付部分给予50%的救助，特困供养、精神病对象全额救助，把所有保障对象医疗救助纳入“一站式”即时结算救助范围。

C县将民生和强化贫困区域的公共服务功能合为一体，将贫困居民“需求表达—利益满足—公共服务供给”融入“党委领导、政府主导、社会协同”的治理框架之中，从健康扶贫入手，进行县、乡、村环境卫生整治，做好垃圾分类处理和填埋，倡导良好的卫生习惯，加强对卫生服务人员技能的培训等,推动当地经济发展和社会问题的解决。

本次调查发现家庭成员生病或残疾在一定程度上制约着家庭经济发展。国务院扶贫系统平台中的建档立卡信息显示以哈尼族为主的贫困居民未脱贫家庭户均病残人数为 0.5 人,比已脱贫家庭高出 0.2 人。A 县未脱贫家庭户均病残人数比其已脱贫户均值增高 0.2 人,B 县增高 0.1 人,C 县增高 0.4 人;哈尼族未脱贫家庭户均病残人数比其已脱贫户均值增高 0.2 人,其他少数民族增高 0.1 人,汉族增高 0.2 人。对比显示,未脱贫家庭病残率明显高于已脱贫家庭。

由于哈尼族农村居民居住地区山高路远,村寨分散,卫生服务难度比一般地区大,医务人员严重不足,且医疗设备、技术不配套,哈尼族农村居民“看病难”“看病贵”的问题仍未得到根本解决,如 A 县贫困居民致贫原因分析排名第二位的是因病致贫。目前,A 县在健康扶贫方面面临的主要困难和问题是医技人员比较紧缺,且服务水平和服务能力达不到相关标准。当地卫健部门的工作人员反映,“目前基层卫健工作人员工作压力很大,乡、村两级主要做脱贫攻坚和公共卫生的工作,任务很重。虽然建档立卡户家庭医生入户签约率达到 100%,但是户数多、人数多,而我们的工作人员太少,成为健康扶贫的短板。此外,基层医技人员毕业工作后很少参加专业培训,因为参加培训后当地工作就没有人顶上,因此导致服务水平跟不上,也提高不了”。

3. 外出务工情况

哈尼族农村居民务农增收潜力有限,外出打工是当地农村家庭最重要的收入来源之一,成为当地农村居民脱贫致富的主要途径,通过外出务工,能够使他们增加收入、开拓眼光、提高技术、落实收入。如 A 县在精准扶贫过程中,积极动员贫困对象进行劳动力转移,外出务工创收。全县劳动力居民有 17 万多人,占总居民的 55%左右,2017 年劳动力转移 9.5 万多人,贫困劳动力中外出打工的有 4.5 万人。有扶贫干部反映:“劳务输出是解决贫困问题的主要出路,这两年我们通过对外出务工人员补助路费,已经取得了比较明显的成效,老百姓出去打工的多了,老百姓的基本收入靠劳务输出。初步统计 A 县有 8～9 万人在外打工,是最见成效的产业。”

但是,哈尼族的外出务工人员文化程度低,缺少技能,加上长期处于较封闭的状态下不愿意受约束，人际交流与语言障碍等因素，大多数在周边打工，去长三角、广东企业的少，说怕去外地，不安全不想去。在B县调查时当地扶贫干部反映“去年国家行政学院曾要20名服务员，问了好多村，有的已经出去了，有的说太远不愿意去”。“哈尼族是以务农为主，也有出去打工的，但仍有一些哈尼族人在家待着，不愿出去打工也没有发展动力。比如，有个村子介绍他们出去打工，介绍的人还没到，他们就跑回家了。”“有一个村，前几年县里组织乡里动员，还包了大巴车送到工厂，一个月后30多个人都跑回来了。”外出务工人员从事的工作，绝大多数以体力劳动为主，很少有人能够从事技术工种，因此收入偏低，他们在外地适应性不良，持续工作的动力不强，返乡继续发展能力不足。

二、影响云南省哈尼族农村居民综合发展的因素

（一）自然环境制约

云南连片深度贫困地区绝大部分都属于山区，哈尼族的村寨大都散落在高山大川之间。如A县有34.6万多人，国土面积2 028.5平方公里，最高海拔2 746米，最低海拔259米；B县总居民为36.05万人，国土面积5 312平方公里，最高海拔2 279米，最低海拔478.5米。同时，由于哈尼族人喜欢居住在山区、半山区，这样的居住状态给当地村民的出行和交流带来非常的不便，进一步加大了水利、道路、教育、医疗等公共设施建设的难度，也增加了哈尼族居民脱贫的难度，如子女上学要走两三个小时的山路；村民出行道路崎岖狭窄，雨天泥泞不堪，寸步难行；山高路远，通信信号微弱，影响与外界联系；经济作物运输困难；干部下乡难，基层建设难度巨大，制约着政策的传达效果等。

（二）交通设施薄弱

区域环境是哈尼族农村居民发展的基础，是影响其农业生产的关键因素。调查中发现制约哈尼族农村居民发展的最重要的是路，交通不便依然是影响农村居民与外界进行物质交换的瓶颈。近年来，云南省加大了基础设施建设方面的投入，比如，云南省高速公路规划新修一条高速公路经过A县，能够极大缓解当地山高路远、交通不便、距离其他地市相对较远的问题，

也能够方便当地农村居民外出和农产品的转运。但是，这条已经在修建的高速公路距离A县政府所在的YS镇比较近，而A县的13个乡镇中有10个左右都在高寒山区，实际能够有效利用这条公路的机会较少。随着穿过B县城的泛亚公路、泛亚铁路，以及公路国道、省道的建设，火车站的设立，B县已经不仅与全省、全国连通，而且已经连通世界，可以说B县在大交通网络中占据了一个十分有利的地位。但从内部小交通来看，道路体系建设虽然已经实现"村村通"，但从村到各组的路大部分还没有通。从乡到各村的路大部分等级较低，晴通雨阻现象很普遍，雨天要推车走。从县城到各乡镇的路大部分已建设得比较好，但需要在山间盘绕，常常是目标虽已在眼前，却要转一大圈才可到达。内部交通条件的滞后，造成区域内市场碎片化，难以形成统一市场，难以进行整体规划，难以发展规模经济，难以合作对外竞争。

(三) 思想封闭，文化教育水平低下

A、B、C三县位于云南中南部地区的哈尼族聚集地，农村居民素质远低于全国平均水平。2010年我国居民普查数据显示全国初中及以上文化程度居民占61.75%，而本研究中15岁及以上建档立卡贫困居民中67.3%是小学及以下的文化程度，40岁以上的贫困居民中88.3%是小学及以下文化程度，极低的文化程度自然限制了个人与家庭经济发展的能力。同时，地理环境的封闭，阻挡了哈尼族农村居民与外部社会的沟通与交流，导致了村民思想上的封闭与保守。我国大多数农业地区，农民的家庭经济收入结构早已转变成为务工收入为主，务农收入为辅，在家庭内部形成了以代际分工为基础的半工半耕的结构，这样农民较好地适应了市场经济。而在哈尼族村民居住的山区农村，大多数村民都在家务农，不愿出去打工，主要认为自己文化程度低，缺少技能，加上长期处于较封闭的状态下不愿意受约束，人际交流与语言障碍等复杂心态。由于外出打工的人少，村庄内与外界的交流更少，进一步限制了哈尼族农村居民的眼界，对于下一代的子女教育也不重视。建档立卡信息的分析发现，户均高中或大学以上在校生人数均低于0.2人，小学、初中义务教育也存在辍学现象。

(四) 群众内生动力不足

哈尼族农村居民自我脱贫意识差，"等靠要"思想仍然严重。在调研时发现，有些哈尼族农村居民说自己是爱休息的民族，部分群众存在“饿不死，能解决温饱就行”，日子得过且过，长期没有希望，就失去期望，缺乏脱贫致富的积极性。他们自我发展的意识不强，对政府引导和提供支持的产业发展项目，参与度和意愿不高，自力更生、脱贫致富的主观意愿不强。可见，哈尼族农村居民发展生产的意愿和动力不足。分析其原因主要有以下因素：一是没有意识到目前生活差，满足于现状。通常这些群众过着自给自足的生活，一辈子没有走出过大山，没见过外面世界，没有比较自然觉得自己现在日子过得“还可以”，也没有意识改变目前生活的必要性。二是知道自己生活差，也想脱贫，但不知道怎样脱贫。部分贫困户身边缺少发展经济的带头人，缺少示范效应的激励作用。这类人群在脱贫过程中缺少自身定位，缺少开拓精神，没有发展方向，在脱贫过程中的不知所措就可能表现出缺少行动，甚至没有行动，缺少个人能动性。三是脱贫工作中滋养出来的“懒汉”。这类贫困户知道自己生活差，但他们把生活状态的改善寄托在外力上，因为是“你要我脱贫”而不是“我要脱贫”，所以你要负责我脱贫。由此必然产生“等靠要”的思想，如一位民政干部下乡走访贫困户时，一个贫困家庭的中年妇女说“一个民政局的来我们这里，我们一个鸡蛋也没吃到，你让我们怎么脱贫”。对于这类贫困户，有句话可以形象地反映他们的状态“蹲着墙根晒太阳，什么不做奔小康”。因此有扶贫干部反映在全面脱贫过程中，政府步伐走得太急，主导作用发挥过大，贫困对象却退缩了，内生动力没有得到充分发挥，导致“拔苗助长”。

（五）宏观区域经济环境不良

云南省目前是全国经济发展水平最落后的省区之一，在中国大陆 31 个省、市、自治区中，云南省 2016 年和 2017 年人均地区生产总值均为第 30 位（仅高于甘肃），人均可支配收入均为第 28 位（仅高于西藏、甘肃、贵州）。到 2015 年底，有 471 万建档立卡贫困居民、88 个贫困县、4 277 个贫困村，贫困发生率 12.7%。建档立卡贫困居民主要分布在集中连片特困地区、边远山区、革命老区、少数民族聚居区和边境地区，其中，少数民族贫困居民占全省建档立卡贫困居民的 43.4%。位居云南省少数民族居民第二的哈尼族其主要聚居区也是国家和云南省精准扶贫的重点扶贫开发地区，哈尼族居民较集中的 A 县、B 县等身处这样的宏观区域经济环境，要想脱颖而出独自脱贫是几乎不可能的，其所处的宏观区域经济环境和经济社会发展都面临着许多区域共同的影响机制，需要国家从西南地区范围、云南全省范围、滇西边境片区范围多个区域层次统筹规划与顶层设计才能共同发展。

根据国务院扶贫系统平台中的建档立卡信息定量分析三县贫困家庭致贫主要原因是：排在第一位是缺技术（34.3%）、第二位是因病（14.4%）、第三位是缺劳力（14%）、第四位是缺资金（12.6%）、第五位是内动力不足（11%），这五种原因累计比例为86.3%。不同县间致贫原因分布却不尽相同。A县排名前五位的致贫原因是缺技术（43.2%）、因病（22%）、缺劳力（10.3%）、内动力不足（10.3%）、因残（4.8%），B县前五位致贫原因为缺技术（25.5%）、缺资金（24.8%）、缺劳力（18.3%）、内动力不足（10.1%）、因病（8.1%），C县这前五位原因分别是缺技术（30.7%）、缺资金（19.1%）、内动力不足（17.6%）、缺劳力（13%）、因病（5.5%）。尽管三县致贫首要原因都是缺技术，但与B县、C县第二位原因缺资金不同，A县因病致贫家庭比例远高于另外两县；而C县内动力不足致贫较A县、B县却要高于约7个百分点（详见图2-1所示）。

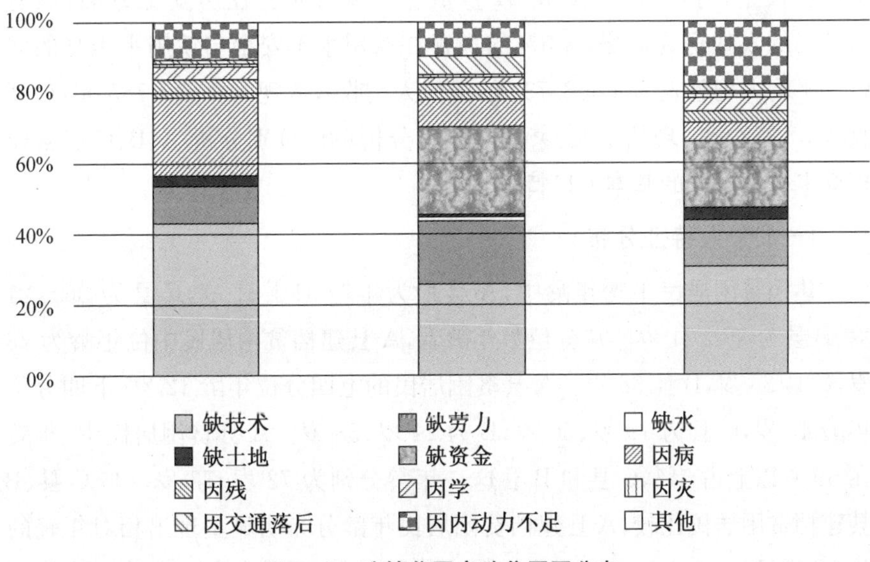

图2-1　建档贫困户致贫原因分布

第三章　云南省哈尼族农村居民贫困状况

一、建档贫困居民基本情况

截至调查时，A、B、C三县进入国务院扶贫系统的数据库中共244 501人，56 378个家庭，其中包括A县124 971人、26 426个家庭；B县95 301人、23 838个家庭；C县24 229人、6 114个家庭。他们平均年龄34±21岁，0～14岁少年儿童占23.2%，15～59岁劳动适龄人口62.9%，60岁及以上老年人占13.9%，属于老年型居民结构。民族构成主要为哈尼族，其中贫困居民76.9%为哈尼族，14.6%的其他少数民族以彝族为主。医疗保障方面，几乎建档贫困居民都已参加大病医疗保险，仅32人未参加且多为学龄前儿童或在校生，有两位27岁和51岁成年人未参加。住房安全方面，尚有29.2%的人住房为危房，0.5%的人存在饮用水不安全与饮用水困难的问题。平均人均收入为4 358.73元，最低人均收入表现为负债5 785元，最高收入57 252元。现从个人、家庭两层为分析单位分别分析A、B、C三县建档立卡贫困居民的基本人口特征。

（一）个人特征分布

建档贫困居民平均年龄中，A县最为年轻31±21岁，C县为36±21岁，B县为38±21岁。从分位数年龄看，A县建档贫困居民中位年龄为28岁，C县35岁，B县38岁。A县贫困居民的上四分位年龄12岁、下四分位年龄46岁，C县为19岁、50岁，B为21岁、53岁。A县贫困居民中，年龄在69岁以上占5%，C县和B县这一年龄分别为72岁、73岁。与C县、B县建档贫困居民比较，A县建档贫困居民年龄分布明显呈现出相对年轻的状态（详见表3-1）。不管是15～59岁劳动适龄居民比例，还是60岁及以上老年居民比例，A县均低于C县和B县，而其少年儿童居民比例却高达近30%，远高于其余两县。

表 3-1　建档贫困居民年龄分布

			年龄组			
			0～14	15～59	60＋	合计
县	A	人数	36 589	74 647	13 735	124 971
		百分比	29.3%	59.7%	11.0%	100.0%
	B	人数	16 069	62 504	16 728	95 301
		百分比	16.9%	65.6%	17.6%	100.0%
	C	人数	4 171	16 654	3 404	24 229
		百分比	17.2%	68.7%	14.0%	100.0%
合计	人数		56 829	153 805	33 867	244 501
	百分比		23.2%	62.9%	13.9%	100.0%

建档贫困居民中包括 21.6%的在校学生，9.6%的学龄前儿童，将这两部分人群剔除，分析贫困居民文化程度分布。A 县建档贫困居民中文盲、半文盲占 27.1%，明显高于 C 县与 B 县。小学文化程度居民介于 C 县与 B 县之间，而初中文化程度的居民比例至少比 C 县和 B 县低 10 个百分点。贫困居民中高中与大学文化程度的比例在三县都不高，但表现出依 A 县、B 县、C 县的次序比例逐渐升高的趋势。整体来看，三县贫困居民文化程度都不高，多以小学文化程度为主，文盲半文盲、初中文化程度其次，而高中以上文化程度实属少见(详见表 3-2)。

表 3-2　建档贫困居民文化程度分布

			非在校生					
			文盲半文盲	小学	初中	高中	大专及以上	合计
县	A	人数	21 744	43 185	13 790	1 173	449	80 341
		百分比	27.1%	53.8%	17.2%	1.5%	0.6%	100.0%
	B	人数	7 440	43 230	20 969	2 271	661	74 571
		百分比	10.0%	58.0%	28.1%	3.0%	0.9%	100.0%
	C	人数	3 662	8 404	5 036	938	261	18 301
		百分比	20.0%	45.9%	27.5%	5.1%	1.4%	100.0%
合计	人数		32 846	94 819	39 795	4 382	1 371	173 213
	百分比		19.0%	54.7%	23.0%	2.5%	0.8%	100.0%

未考虑学龄前教育，46 722 名在校生在不同层次学校就读学习，其中59.1%的生源来自A县，31.6%来自B县，9.3%来自C县。A县在校生中，小学生占65.4%，初中生占21.0%，高中生(含中职)占9%，大专生及以上(含高职)占4.6%。B县在校生中，小学生占53.7%，初中生占22.9%，高中生占15.6%，大学生占7.9%。C县在校生中，小学生占44.7%，初中生占26.2%，高中生占19.1%，大学生占10.0%。各县不同层次学生分布中，小学层次A县占比最高，初中、高中及大学就读比例均属C县为高。

作为哈尼族聚集地区，建档贫困居民也以哈尼族农村居民为最，但三县贫困居民民族分布并不均匀，这与各县居民民族分布有关。A县贫困居民中近九成为哈尼族农村居民，远高于B县与C县；以彝族为主的其他少数民族在C县贫困居民中占比最高；汉族居民在A县与B县相比人数都极少，尽管B县汉族贫困居民比例是最高的，也未超过20%。在少数民族集中居住的地区，汉族成了当地的“少数民族”，A县、B县、C县三县贫困居民中哈尼族农村居民无疑是大众居民(详见表3-3)。

表3-3 建档贫困居民民族分布

<table>
<tr><td colspan="3" rowspan="2"></td><td colspan="4">民族</td></tr>
<tr><td>哈尼族</td><td>其他民族</td><td>汉族</td><td>合计</td></tr>
<tr><td rowspan="6">县</td><td rowspan="2">A</td><td>人数</td><td>109 635</td><td>12 700</td><td>2 636</td><td>124 971</td></tr>
<tr><td>百分比</td><td>87.7%</td><td>10.2%</td><td>2.1%</td><td>100.0%</td></tr>
<tr><td rowspan="2">B</td><td>人数</td><td>62 786</td><td>15 487</td><td>17 028</td><td>95 301</td></tr>
<tr><td>百分比</td><td>65.9%</td><td>16.3%</td><td>17.9%</td><td>100.0%</td></tr>
<tr><td rowspan="2">C</td><td>人数</td><td>15 502</td><td>7 432</td><td>1 295</td><td>24 229</td></tr>
<tr><td>百分比</td><td>64.0%</td><td>30.7%</td><td>5.3%</td><td>100.0%</td></tr>
<tr><td rowspan="2">合计</td><td colspan="2">人数</td><td>187 923</td><td>35 619</td><td>20 959</td><td>244 501</td></tr>
<tr><td colspan="2">百分比</td><td>76.9%</td><td>14.6%</td><td>8.6%</td><td>100.0%</td></tr>
</table>

(二)家庭特征分布

脱贫攻坚工作过程中，政府工作不仅关注每一名贫困居民，更关注由个人组成的家庭——贫困户。家庭是社会的基本细胞，也是由家庭成员构成的最小联合经济体。家庭规模用来衡量家庭成员的数量，三县建档贫困户平均家庭规模为 4.3 人，中位家庭规模为 4 人。通常家庭规模最小是单人户，最大家庭规模在 A 县，为 26 人，而 B 县、C 县最大家庭规模分别为 15 人、12 人。下四分位家庭规模三县均为 3 人，但上四分位家庭规模 A 县为 6 人，B 县、C 县为 5 人。不管是用均值还是用中位数计量各县家庭规模，结果都是一致的，即 A 县平均家庭规模最大，近 5 人的平均家庭规模比 B 县、C 县 4 人的家庭规模均多 1 人(详见表 3－4)。

表 3－4　建档贫困户家庭规模、平均年龄与平均受教育年限

县		家庭规模	平均年龄	教育年限
A	均值	4.7±2.0	33.0±11.6	5.2±2.0
	中位数	5.0	31.0	6.0
B	均值	4.0±1.6	39.7±11.5	6.6±1.6
	中位数	4.0	38.2	6.3
C	均值	4.0±1.5	37.7±11.5	6.2±2.0
	中位数	4.0	36.0	6.0
合计	均值	4.3±1.8	36.4±12.0	5.9±2.0
	中位数	4.0	34.7	6.0

年龄不仅可以衡量个人的年纪，也可以反映人群的年轻或衰老程度。根据家庭的个人年龄与家庭成员数量可计算每个家庭居民平均年龄。不同县间家庭居民平均年龄分布并不相同，A 县下四分位家庭平均年龄为 25 岁，上四分位年龄为 39 岁；C 县下四分位家庭平均年龄为 30 岁，上四分位年龄为 44 岁；B 县下四分位家庭平均年龄为 31 岁，上四分位年龄为 47 岁。上、下四分位家庭平均年龄与均值、中位数家庭平均年龄表现出的趋势一致，即家庭平均年龄 A 最年轻，C 县、B 县渐长(详见表 3－4)。

由于贫困居民收集的文化程度为定性学历，在汇总家庭整体文化程度时不能直接使用，因此不考虑学龄前儿童，对每个家庭非在校生的学历进行变量转换，成为数值型变量的受教育年限。受教育年限取值依次为：文盲半文盲 1 年、小学 6 年、初中 9 年、高中 12 年、大学 15 年。在家庭平均受教育年限的基础上，分析得到各县贫困家庭的平均文化程度整体上为小学水平，其中 A 县贫困家庭平均文化程度明显低于 C 县、B 县。A 县贫困户中，

25%的家庭平均文化程度不超过 3.7 年,仅 25%的家庭平均文化程度在 6.3 年以上;C 县贫困户中,平均文化程度不超过 5 年,25%的家庭平均文化程度在 7.5 年以上;在 B 县贫困户中,平均文化程度不超过 6 年,25%的家庭平均文化程度在 7.5 年以上(详见表 3-4)。

利用家庭成员与户主的关系,识别家庭代际关系,其中“独居”为单人户,“夫妻”为家中仅夫妻二人,“两代”为家庭成员为父母与子女连续两代人,“三代”为父母、子女及孙子女的连续三代或以上的家庭代际,“隔代”为家庭中最年轻成员的父母不是此家庭成员。建档贫困户家庭成员代际关系以两代或三代及以上关系为主,约占到九成以上。三县家庭代际模式差别并不太大,两代代际关系比例在县间最大差距仅为 1.4 个百分点,三代代际关系比例在县间最大差距也仅为 3.5 个百分点。贫困居民中,独居、夫妻一代人、隔代居住共仅占 8%,而较少的其他代际关系为贫困户户主与其他人组成的家庭,不便分类(详见表 3-5)。

表 3-5　建档贫困居民家庭代际

			家庭代际						
			独居	夫妻	两代	三代+	隔代	其他	合计
县	A	人数	981	473	14 132	10 173	388	279	26 426
		百分比	3.7%	1.8%	53.5%	38.5%	1.5%	1.1%	100.0%
	B	人数	996	909	12 737	8 677	217	302	23 838
		百分比	4.2%	3.8%	53.4%	36.4%	0.9%	1.3%	100.0%
	C	人数	294	196	3 353	2 138	72	61	6 114
		百分比	4.8%	3.2%	54.8%	35.0%	1.2%	1.0%	100.0%
合计		人数	2 271	1 578	30 222	20 988	677	642	56 370
		百分比	4.0%	2.8%	53.6%	37.2%	1.2%	1.1%	100.0%

少数民族聚集地区家庭成员民族属性具有多样性,为简化问题本研究利用户主的民族归属来界定每个家庭的民族属性,因此得到的家庭民族分布与个体民族分布近似,依然以哈尼族家庭为主。A 县哈尼族家庭所占比重依然在三县中居于首位,C 县其他民族家庭近三成,而 B 县汉族家庭比例相对最高,近 20%(详见表 3-3 和表 3-6)。

表 3-6　建档贫困居民家庭民族分布

			家庭民族			
			哈尼族	其他民族	汉族	合计
县	A	人数	22 623	3 052	751	26 426
		百分比	85.6%	11.5%	2.8%	100.0%
	B	人数	15 477	3 624	4 737	23 838
		百分比	64.9%	15.2%	19.9%	100.0%
	C	人数	3 749	1 966	399	6 114
		百分比	61.3%	32.2%	6.5%	100.0%
合计	人数		41 849	8 642	5 887	56 380
	百分比		74.2%	15.3%	10.4%	100.0%

三县贫困家庭致贫主要原因综合看，排在第一位是缺技术(34.3%)、第二位是因病(14.4%)、第三位是缺劳力(14%)、第四位是缺资金(12.6%)、第五位是内动力不足(11%)，这五种原因累计比例为 86.3%。不同县间致贫原因分布却不尽相同。A 县排名前五位的致贫原因是缺技术(43.2%)、因病(22%)、缺劳力(10.3%)、内动力不足(10.3%)、因残(4.8%)，B 县前五位致贫原因为缺技术(25.5%)、缺资金(24.8%)、缺劳力(18.3%)、内动力不足(10.1%)、因病(8.1%)，C 县这前五位原因分别是缺技术(30.7%)、缺资金(19.1%)、内动力不足(17.6%)、缺劳力(13%)、因病(5.5%)。尽管三县致贫首要原因都是缺技术，但与 B 县、C 县第二位原因缺资金不同，A 县因病致贫家庭比例远高于另外两县；而 C 县内动力不足致贫较 A 县、B 县却要高于约 7 个百分点。

(三) 小结

国务院扶贫系统平台中的建档立卡信息反映出以哈尼族为主的贫困居民数量大，其中 A 县、B 县建档贫困居民甚至占到总居民的 40%左右；年纪轻，建档贫困居民平均年龄 30 多岁；文化程度低，家庭平均受教育年限仅为小学，个人文化程度是小学的亦占到半数以上。建档贫困户家庭中，又以 A 县居民规模大、家庭居民多、年龄趋势相对年轻、文化程度相对更低，因而其脱贫任务更重。

建档立卡贫困户目前的状态有已脱贫、未脱贫、返贫三种，已脱贫 27 396 户，占 48.6%；未脱贫 28 499 户，占 50.4%；返贫 583 户，占 1.0%。各县脱贫进度明显不同，A 县 66.3%贫困户未脱贫，B 县 43.0%，C 县仅有 10.5%未脱贫家庭(详见表 3-7)。个人状态也显示出同样的信息，C 县未脱贫居民不足 10%，明显走在三个县前列，而 B 县脱贫居民也已过半，相对来说 A 县脱贫任务还比较艰巨，有六成建档贫困居民未脱贫。返贫家庭与居民虽然所占比例极小，但对于脱贫后家庭后续如何发展却有典型意义。扶贫不是一时的任务，脱贫本身不是终极目标，它是一项长期工作，通过脱贫攻坚使贫困户过上幸福生活、不返贫，在追求美好生活的路程上不掉队，更是扶贫工作的重要意义所在。而对不同贫困状态的贫困居民进行分析，也有助于下一步工作更有针对性地开展。

表 3-7 建档贫困居民脱贫状态

			脱贫属性			
			返贫	未脱贫	已脱贫	合计
县	A	家庭户	129	17 518	8 779	26 426
			0.5%	66.3%	33.2%	100.0%
		个人	547	80 349	44 075	124 971
			0.4%	64.3%	35.3%	100.0%
	B	家庭户	418	10 240	13 180	23 838
			1.8%	43.0%	55.3%	100.0%
		个人	1 633	39 189	54 479	95 301
			1.7%	41.1%	57.2%	100.0%
	C	家庭户	36	641	5 437	6 114
			0.6%	10.5%	88.9%	100.0%
		个人	113	2 040	22 076	24 229
			0.5%	8.4%	91.1%	100.0%
合计		家庭户	583	28 499	27 396	56 378
			1.0%	50.4%	48.6%	100.0%
		个人	2 293	121 578	120 630	244 501
			0.9%	49.7%	49.3%	100.0%

二、已脱贫居民分析

享受国家扶贫政策实现“两不愁、三保障”的已脱贫居民平均年龄为34.3±21岁，中位年龄34岁，下四分位年龄17岁，上四分位年龄49岁。0～14岁青少年居民占21.5%，15～59岁劳动适龄居民64.9%，60岁及以上的老年人占13.6%。哈尼族居民占72.2%，其他少数民族占18.5%。脱贫居民平均人均收入5 370.74±2 693.34元，中位收入4 463.83元，25%的脱贫对象人均收入未超过3 714.29元，25%的高于6 034.86元，这也表明部分收入较高的脱贫居民拉高了已脱贫群体的平均收入水平，有相当比例的脱贫居民的人均收入仍处于相当低的水平。脱贫家庭全部不存在饮水困难与饮水不安全的问题，且无危房。

（一）以个人为分析单位

脱贫居民年龄分布在不同县表现不同，A县脱贫的少年儿童比例明显高于B县与C县，而劳动适龄居民与老年居民比例又低于两县，表明A县已脱贫居民较B县、C县更年轻，当然这也因为A县建档贫困居民群体相对年轻。A县脱贫居民平均年龄30.6±20.8岁、中位年龄28岁，C县平均年龄35.4±20.2岁、中位年龄35岁，B县平均年龄37.1±20.6岁、中位年龄36岁（详见表3-8）。

表3-8　已脱贫居民年龄分布

			年龄组			
			0～14	15～59	60＋	合计
县	A	人数	12 716	26 769	4 590	44 075
		百分比	28.9%	60.7%	10.4%	100.0%
	B	人数	9 458	36 186	8 835	54 479
		百分比	17.4%	66.4%	16.2%	100.0%
	C	人数	3 822	15 299	2 955	22 076
		百分比	17.3%	69.3%	13.4%	100.0%
合计		人数	25 996	78 254	16 380	120 630
		百分比	21.6%	64.9%	13.6%	100.0%

已脱贫居民民族构成与建档立卡贫困居民民族分布基本一致，只是各县在不同民族脱贫居民构成比例上略有变化。A县、C县的脱贫居民几乎都是少数民族，都在90%以上，这也是少数民族聚集地区的必然现象。A县脱贫居民比例中哈尼族比例依然远高于B县和C县，B县脱贫居民汉族比例最高，其他民族的构成比在C县最高(详见表3-9)。

表3-9 脱贫居民民族分布

			民族			
			哈尼族	其他民族	汉族	合计
县	A	人数	36 542	6 755	778	44 075
		百分比	82.9%	15.3%	1.8%	100.0%
	B	人数	36 639	8 600	9 240	54 479
		百分比	67.3%	15.8%	17.0%	100.0%
	C	人数	13 914	6 953	1 209	22 076
		百分比	63.0%	31.5%	5.5%	100.0%
合计		人数	87 095	22 308	11 227	120 630
		百分比	72.2%	18.5%	9.3%	100.0%

脱贫居民中剔除在校生与学龄前儿童，其文化程度以小学、初中、文盲半文盲为主。但各县脱贫居民文化程度的排序却有所不同，A县的文化程度排序为小学、文盲半文盲、初中，B县、C县文化程度排序都是小学、初中、文盲半文盲，但B小学文化程度比例低于C县近10个百分点。由此也反映出在脱贫居民中，B县的文化程度高于C县，C县高于A县(详见表3-10)。

表3-10 脱贫居民文化程度

			非在校生					
			文盲半文盲	小学	初中	高中	大专及以上	合计
县	A	人数	6 526	15 585	5 364	479	191	28 145
		百分比	23.2%	55.4%	19.1%	1.7%	0.7%	100.0%
	B	人数	4 064	23 815	12 656	1 313	396	42 244
		百分比	9.6%	56.4%	30.0%	3.1%	0.9%	100.0%

（续表）

			非在校生					
			文盲半文盲	小学	初中	高中	大专及以上	合计
	C	人数	3 196	7 672	4 707	881	247	16 703
		百分比	19.1%	45.9%	28.2%	5.3%	1.5%	100.0%
合计	人数		13 786	47 072	22 727	2 673	834	87 092
	百分比		15.8%	54.0%	26.1%	3.1%	1.0%	100.0%

（二）以家庭为分析单位

1. 脱贫户的家庭规模分布

脱贫户家庭规模平均 4.4 人，中位数为 4 人，但不同家庭规模在不同县间、在不同民族间有差异。A 县平均家庭规模为 5 人，比 B 县、C 县均高出近 1 人；其下四分位家庭规模为 4 人，上四分位家庭规模为 6 人，比 B 县、C 县亦高出 1 人。尽管中位数都是 4 人，但哈尼族平均家庭规模为 4.5 人，比其他少数民族、汉族家庭均高 0.4 人；三类民族家庭下四分位家庭规模哈尼族为 4 人，其余两类均为 3 人，并且哈尼族家庭的上四分位家庭规模为 6 人，比其他少数民族、汉族家庭均多 1 人。这表明脱贫户家庭中，A 县的哈尼族家庭规模相对较大，在一定程度上拉高了整体的平均家庭规模（详见表 3－11）。

表 3－11　已脱贫居民家庭特征

			家庭规模	平均年龄	教育年限	在校生数	病残人数	劳动力数
县	A	均值	5.0±1.9	32.5±10.0	5.6±1.9	1.3±1.2	0.3±0.6	2.7±1.1
		中位数	5.0	31.2	6.0	1.0	0	3.0
	B	均值	4.1±1.6	38.7±10.8	6.7±1.6	0.7±0.8	0.3±0.5	2.6±1.2
		中位数	4.0	37.3	6.7	0	0	2.0
	C	均值	4.1±1.5	37.1±10.7	6.3±2.0	0.8±0.9	0.3±0.5	2.7±1.1
		中位数	4.0	35.6	6.0	1.0	0	3.0
民族	哈尼族	中位数	4.5±1.8	35.2±10.7	6.1±1.8	1.0±1.0	0.2±0.5	2.7±1.2
		均值	4.0	34.2	6.0	1.0	0	3.0

（续表）

			家庭规模	平均年龄	教育年限	在校生数	病残人数	劳动力数
	其他民族	均值	4.1±1.6	37.7±10.8	6.5±1.8	0.8±0.9	0.4±0.6	2.6±1.1
		中位数	4.0	36.5	6.2	1.0	0	2.0
	汉族	均值	4.1±1.5	39.4±11.4	6.8±1.7	0.8±0.8	0.3±0.6	2.5±1.1
		中位数	4.00	37.67	6.8	1.00	0	2.0
合计	均值		4.4±1.7	36.4±10.9	6.2±1.8	0.9±1.0	0.3±0.5	2.7±1.1
	中位数		4.0	35.0	6.0	1.0	0	3.0

2. 脱贫户的年龄分布

脱贫户家庭平均年龄为 36.4 岁，中位数为 35 岁，但平均年龄在县间、民族间并不相同。A 县脱贫家庭平均年龄不管是均值还是中位数，均比 C 县低约 4.5 岁、比 B 县低约 6 岁。家庭平均少年儿童人数方面，A 县 1.5 人、B 县与 C 县均为 0.7 人，而家庭平均老年人，A 县 0.5 人、B 县 0.7 人、C 县为 0.5 人。哈尼族家庭平均年龄普遍低于其他少数民族、汉族家庭，均值低于其他少数民族 2.5 岁、低于汉族 4 岁有余。而哈尼族家庭平均少年儿童人数 1.1 人，其他少数民族家庭少年儿童人数为 0.8 人，汉族家庭为 0.7 人；而三类民族家庭平均老年人数分别为 0.6、0.6、0.7。脱贫户家庭中，A 县家庭、少数民族家庭特别是哈尼族家庭平均年龄均相对年轻（详见表3－11）。

3. 脱贫户的教育程度分布

受教育年限是个人认知与发展的基本能力，也是家庭发展的知识原动力。脱贫户人均受教育年限平均为 6 年，即相当于小学文化程度。在三县脱贫家庭中，A 县家庭居民受教育年限未达到 6 年，而 B 县、C 县两县均在 6 年以上，其中 B 县均值较 C 县高 0.4 年。百分位数分布上也能看到教育程度的差异，A 县 25%的脱贫户受教育年限低于 4.3 年，25%超过 6.8 年，而 B 县 25%低于 6 年，C 县 25%低于 5.2 年，B 县、C 县均 25%超过 7.5 年。A 县脱贫户在教育程度上与 B 县、C 县存在差距（详见表 3－11）。

平均受教育年限在哈尼族、其他少数民族、汉族家庭间依然呈现递增的趋势。哈尼族家庭平均教育程度均值较其他少数民族低 0.4 年，较汉族家庭低 0.7 年；中位数较其他少数民族家庭低 0.2 年，较汉族家庭低 0.8 年。25％哈尼族家庭教育程度低于 5.3 年，25％超过 7.2 年；其他少数民族家庭教育程度的下四分位数为 5.5 年，上四分位数为 7.5 年；汉族家庭下四分位数为 6 年，上四分位数为 7.5 年。脱贫户中从平均水平或百分位数都显示，哈尼族家庭教育程度与其他少数民族家庭有差距，其他少数民族家庭又与汉族家庭存在差距(详见表 3－11)。

4. 脱贫户的子女教育分布

子女教育是家庭中的一项重要任务，当前我国在校生教育中，小学、初中已纳入义务教育，学龄前教育、高中与大学教育学费需家庭自己承担。脱贫户家庭平均有近 1 名在校生。A 县脱贫家庭平均有 1.3 名在校生，比 B 县、C 县分别高 0.6、0.5 人。哈尼族平均每个家庭有 1 名在校生，比其他少数民族、汉族家庭高 0.2 人。25％的哈尼族家庭至少有 2 名在校生，5％的哈尼族家庭至少有 3 名在校生；25％其他少数民族家庭至少有 2 名在校生；10％汉族家庭至少有 2 名在校生。就家庭在校生数量来看，A 县、哈尼族脱贫家庭在校就读的子女人数相对较多。

脱贫家庭中义务教育阶段在校生平均有 0.7±0.9 人，A 县 1.0±1.0 人、B 县 0.5±0.7 人、C 县 0.5±0.8 人。从百分位数来看，A 县中位数为 1 人，上四分位数为 2，B 县、C 县上四分位数均为 1 人，其余下四分数或中位数为 0。哈尼族家庭义务教育阶段在校生平均 0.7±0.9 人，其他少数民族、汉族分别 0.6±0.8、0.5±0.7 人。百分位数在不同民族类型家庭间没有差别，中位数为 0，上四分位数为 1 人。在三县脱贫家庭中，A 县、哈尼族脱贫家庭义务教育阶段在校生人数略多。

尽管学龄前教育、高中及大学教育都是非义务教育范畴，但农村地区学龄前教育并未形成规模，也不是农村小学生入学的前提条件，远不及高中、大学教育受重视，因此非义务教育在校生分析时未考虑学龄前教育。三县脱贫户户均 0.16±0.4 名高中或大学在校生，A 县户均 0.14 人、B 县 0.15 人、C 县 0.20 人。哈尼族脱贫家庭户均高中或大学在校生人数 0.15 人，其他少数民族 0.16 人，汉族 0.19 人。由此可见与义务阶段教育在校生分布不同，C 县、汉族家庭高中或大学在校生人数略高(详见表 3－11)。

5. 脱贫户的病残分布

残疾或生病不仅可能影响个人生活质量，也可能增大家庭经济消耗。贫困户建档信息中统计了每个家庭残疾、慢性病、大病、残疾又慢性病、残疾又大病的发生信息。汇总家庭中的病残总数计算户均病残人数，脱贫家庭平均病残人数为 0.3 人，A、B 及 C 三县间没有明显差异，但在哈尼族家庭与其他少数民族家庭中户均残疾人数有 0.2 人的差距。进一步比较户均残疾人、生病人数及残疾又生病人数，三县、不同类型民族家庭间的分布，分析其间是否存在差异。

已脱贫户中户均残疾人 0.11 人，其中 A 县 0.09 人、B 县 0.13 人、C 县 0.12 人，哈尼族家庭 0.10 人、其他少数民族 0.14 人、汉族 0.17 人。患有长期慢性病或大病的户均人数为 0.16 人，其中 A 县 0.22 人、B 县 0.12 人、C 县 0.15 人，哈尼族家庭 0.14 人、其他少数民族 0.21 人、C 县 0.15 人。既有残疾又患性病的户均人数为 0 人，只有汉族已脱贫家庭户均为 0.1 人，在其他县、不同民族家庭间都没有差别，户均 0 人。户均残疾人数汉族已脱贫家庭略高，而户均患慢性病人数则 A 县、其他少数民族已脱贫家庭略高（详见表 3-11）。

6. 脱贫户的劳动力分布

劳动力是家庭经济发展的主要人力资源，建档信息中将家庭成员分为技能劳动力、普通劳动力、丧失劳动力及无劳动力四类。汇总每个家庭技能劳动力与普通劳动力人数计算户均劳动力人数。脱贫家庭户均劳动力为 2.7±1.1 人，在三县、不同民族已脱贫家庭间差异在 0.2 人之内。如果分别计算户均技能劳动力、普通劳动力则为 0 人、2.7 人，即使在已脱贫家庭，技能劳动力也是稀缺资源。

丧失劳动力、无劳动力的家庭成员为需要家庭供养的非劳动力，已脱贫家庭户均非劳动力为 1.7±1.4 人、中位数 2 人。A 县户均非劳动力均值与中位数分别为 2.2 人、2 人，B 县 1.5 人、1 人，C 县 1.4 人、1 人，哈尼族已脱贫家庭户均 1.8 人、1 人，其他少数民族 1.5 人、1 人，汉族 1.5 人、1 人。哈尼族、A 县已脱贫家庭的户均非劳动力相对较多，因此他们的家庭供养负担也必然会相对较重（详见表 3-11）。

7. 脱贫户的致贫原因分布

已脱贫家庭的致贫原因主要是缺技术(36.0%)、缺资金(16.2%)、缺劳力(14.4%)、缺内动力(12.7%)、因病(7.6%)，但不同类型的脱贫户致贫原因分布并不相同。A县致贫原因主要是缺技术(50.2%)、因病(13.1%)、因内动力不足(11.7%)、缺劳力(11.0%)，B县致贫主要原因是缺技术(28.0%)、缺资金(25.4%)、缺劳力(17.6%)、缺内动力(11.2%)，C县致贫原因主要是缺技术(32.5%)、缺资金(20.2%)、缺内动力(18.3%)、缺劳力(12.0%)。哈尼族家庭致贫原因主要是缺技术(37.0%)、缺资金(15.5%)、缺劳力(13.6%)、缺内生动力(13.4%)，其他少数民族致贫原因主要是缺技术(34.3%)、缺资金(17.1%)、缺劳力(15.1%)、缺内动力(12.5%)，汉族致贫原因主要是缺技术(32.6%)、缺资金(19.1%)、缺劳力(17.5%)、缺内动力(8.9%)。

(三) 小结

通过扶贫工作的不断开展，各县建档立卡贫困户都有部分已经出列，但出列居民比例在县际有差别。不过与建档户平均水平比较，已脱贫户文化程度相对较高，劳动力相对充足，他们家庭中尽管存在一定数量病残成员、在校生，还是能够在享受国家政策的基础上发展与改善家庭经济与生活条件，脱贫加入行列。不过在已脱贫户中也存在共性问题，即家庭中普遍缺少技能劳动力，特别是在那些非义务教育阶段在校生低的家庭中，未来技能型劳动力也不太可能得到补充，同时脱贫后家庭经济的可持续发展也可能受到病残发生等因素的影响。已脱贫家庭如何保持其发展的可持续性，不返贫是在扶贫工作中需重点关注的问题，不能掉以轻心

三、未脱贫居民分析

28 399户未脱贫家庭中，A县17 518户、共80 349人，B县10 240户、共39 189人，C县641户、共2 040人。未脱贫居民人均收入3 002.79±1 881.25元、中位收入2 670元，其中A县人均收入均值与中位数分别是2 298.50±1 104.96元、2 301.14元，B县4 404.96±2 300.11元、3 800元，C县3 806.77±1 803.19元、3 644.44元；哈尼族家庭人均收入均值与中位数分别是2 849.78±1 814元、2 565.63元，其他少数民族3 500.90±1 919.92

元、2 974.96 元，汉族 3 936.13±2 126.75 元、3 460.37 元。57.2%未脱贫户住房是危房，其中 A 县危房占 68.9%，B 县 40.6%，C 县 4.7%。

（一）以个人为分析单位

未脱贫居民平均年龄 33.3±21.6 岁、中位年龄 32 岁，其中 A 县平均年龄与中位年龄分别是 30.5±21.2 岁、28 岁，B 县 38.7±21.2 岁、38 岁，C 县 38.9±22.2 岁、39 岁。未脱贫居民平均年龄较已脱贫居民年轻 1 岁，各县中 A 县未脱贫居民平均年龄与已脱贫居民年龄基本一致，但 B 县、C 县未脱贫居民平均年龄略高于已脱贫居民。各县贫困居民年龄构成分布中，A 县少年儿童居民比例几乎比另外两县高出近一倍，近似达到 30%，但其劳动适龄居民、老年居民比例均低于 B 县和 C 县。A 县未脱贫居民明显比 B 县、C 县呈现年轻化状态（详见表 3－12）。

表 3－12　未脱贫居民年龄分布

			年龄组			
			0～14	15～59	60＋	合计
县	A	人数	23 735	47 544	9 070	80 349
		百分比	29.5%	59.2%	11.3%	100.0%
	B	人数	6 336	25 220	7 633	39 189
		百分比	16.2%	64.4%	19.5%	100.0%
	C	人数	326	1 283	431	2 040
		百分比	16.0%	62.9%	21.1%	100.0%
合计		人数	30 397	74 047	17 134	121 578
		百分比	25.0%	60.9%	14.1%	100.0%

未脱贫居民文化程度以小学、文盲半文盲、初中为主。A 县、C 县未脱贫居民文化程度分布顺序与整体一致，但 B 县文化程度分布比例由高到低却为小学、初中、文盲半文盲。从受教育年限来看，尽管三县未脱贫居民受教育年限中位数都是 6 年，但均值却有差异，即 A 县 5.2 年、B 县 6.5 年、C 县 5.4 年，B 县未脱贫居民文化程度明显高于 A 县、C 县（详见表 3－13）。

表 3-13　未脱贫居民文化程度分布

			非在校生					
			文盲半文盲	小学	初中	高中	大专及以上	合计
县	A	人数	15 134	27 389	8 365	688	255	51 831
		百分比	29.2%	52.8%	16.1%	1.3%	0.5%	100.0%
	B	人数	3 257	18 666	7 977	912	249	31 061
		百分比	10.5%	60.1%	25.7%	2.9%	0.8%	100.0%
	C	人数	449	692	309	54	13	1 517
		百分比	29.6%	45.6%	20.4%	3.6%	0.9%	100.0%
合计	人数		18 840	46 747	16 651	1 654	517	121 578
	百分比		15.5%	38.5%	13.7%	1.4%	0.4%	100.0%

未脱贫居民中哈尼族是大多数，占 81.7%，但县间民族分布差异较大。A 县未脱贫居民中哈尼族占到 90.5%，而 B 县未脱贫居民哈尼族居民比例大幅下降，较 A 县低 26 个百分点，C 县未脱贫居民比例也较 A 县低 18 个百分点。其他少数民族居民比例依 A 县、B 县、C 县的次序逐县增高，而 B 县未脱贫户中汉族居民比例也高达 19%。虽然各县未脱贫居民民族分布有不同，但未脱贫哈尼族居民占主流的趋势均一致(详见表 3-14)。

表 3-14　贫困居民民族分布

			民族			
			哈尼族	其他民族	汉族	合计
县	A	人数	72 689	5 825	1 835	80 349
		百分比	90.5%	7.2%	2.3%	100.0%
	B	人数	25 118	6 618	7 453	39 189
		百分比	64.1%	16.9%	19.0%	100.0%
	C	人数	1 477	479	84	2 040
		百分比	72.4%	23.5%	4.1%	100.0%
合计	人数		99 284	12 922	9 372	121 578
	百分比		81.7%	10.6%	7.7%	100.0%

(二) 以家庭为分析单位

1. 未脱贫户的家庭规模分布

未脱贫户的家庭规模平均 4.3 人,略低于已脱贫家庭规模。A 县、哈尼族未脱贫户分别为 4.6 人、4.4 人,明显高于其他类别的家庭平均规模。中位家庭规模属 C 县最小,为 3 人,其他类似家庭规模中位数均为 4 人。这与家庭居住代际直接相关,两代或三代的共同居住是未脱贫家庭的主要居住模式,除 C 县外,各种类型家庭此两种居住方式占比在 85%～90%之间波动。C 县两代和三代人的居住方式占比 74.4%,而个人独居家庭占比 13.7%拉低了 C 县未脱贫户家庭规模(详见表 3 - 15)。

2. 未脱贫户的年龄分布

平均年龄与中位年龄在未脱贫户中分别为 36.3 岁、34.2 岁,但不同类型家庭之间、与已脱贫户比较却有不同。以均值为例,不同县未脱贫户平均年龄表现为按 A 县、B 县、C 县顺序递增,并都较已脱贫户平均年龄有所增长,但增长幅度并不同,A 县增长 0.8 岁、B 县 2.3 岁、C 县 6 岁。A 县未脱贫家庭户均少年儿童 1.4 人、老年人 0.5 人,而 B 县户均 0.6 人、0.8 人,C 县户均 0.5 人、0.7 人。可以看到,B 县、C 县未脱贫户平均年龄相对于已脱贫户年龄明显较长,但 A 县变化不大,尽管未脱贫户年龄也有小幅增长,但其中位年龄却比已脱贫户小 0.2 岁(详见表 3 - 15)。

不同民族未脱贫户的平均年龄依然保持哈尼族、其他少数民族、汉族的次序有所增长,但它们分布上亦有变化。其他少数民族家庭、汉族家庭平均年龄分别增长 2.4 岁、1.5 岁,但哈尼族家庭平均年龄没有变化。哈尼族未脱贫家庭户均少年儿童 1.2 人、老年人 0.6 人,其他少数民族家庭 0.8 人、0.7 人,汉族家庭 0.6 人、0.7 人。显然户均少年儿童数量拉低了未脱贫哈尼族家庭平均年龄,导致其比其他少数民族、汉族家庭更年轻化。

3. 未脱贫户的受教育年限分布

未脱贫户平均受教育年限比已脱贫户低 0.6 年。在三县中,A 县、C 县未脱贫户平均教育年限 5.1 年、5.2 年,B 县 6.4 年,与已脱贫户比较分别低 0.5 年、1.2 年及 0.3 年,其中 C 县教育年限相关幅度最大达 1 年以上。中位教育年限 A 县较其已脱贫户低 0.4 年,B 县低 0.7 年,C 县没变化;下四分位数分别是 3.5 年、6 年、3.5 年。对比中反映出教育在脱贫中的作用,未脱贫户平均教育程度均不同程度地低于已脱贫户(详见表3－15)。

与已脱贫户相似,不同民族未脱贫家庭在教育年限的组间趋势上保持哈尼族、其他少数民族、汉族家庭的增长次序,但未脱贫哈尼族家庭平均教育年限比较已脱贫哈尼族家庭在均值上低0.7年,其他少数民族低0.6年,汉族低0.4年。未脱贫其他少数民族家庭比已脱贫民族家庭平均受教育年限的中位数低0.2年,汉族低0.8年;这三类未脱贫民族家庭教育年限下四分位数分别是4.3年、5年、6年。不同民族家庭间教育程度分布的差异显示出脱贫工作中文化程度潜移默化的影响(详见表3－15)。

4. 未脱贫户的子女教育分布

未脱贫户在校就读学生户均0.9人,与已脱贫户没有差异,见表3－13。在各县未脱贫家庭中,A县户均在校生人数下降0.2人,B县、C县均下降0.1人;不同民族家庭中,只有汉族家庭户均在校生人数下降0.1人,哈尼族、其他少数民族家庭没变化。义务教育与非义务教育阶段在校就读的家庭责任有所不同,以下具体分析两类教育的户均在校生人数情况。

户均义务教育阶段在校生0.7±0.9人,其中A县0.9人,B县、C县均0.4人,哈尼族家庭0.8人、其他少数民族家庭0.5人、汉族家庭0.4人。比较它们的百分位数发现,只有A县未脱贫家庭户均上四分位数为2人,其他类型家庭户均义务教育阶段在校生的上四分位数均为1人;A县中位数为1人,其他类型家庭中位数为0。均值、百分位数都表明A县、哈尼族未脱贫家庭户均义务在校生人数相对较多。

非义务教育阶段在校生依然考虑高中生、大专及以上的大学生,平均未脱贫家庭非义务在校生0.14人。A县、B县未脱贫家庭户均0.14名高中或大学生,C县0.25名;哈尼族家庭户均0.14名高中或大学生,其他少数民族0.15人,汉族家庭0.18名。各种类型家庭90%、95%分位数均为1人,但C县95%分位数为2人,表明C县未脱贫户中至少5%的家庭有2名高中或大学的在校生,这也直接导致其户均非义务教育在校生相对较高。

5. 未脱贫户的病残分布

未脱贫家庭户均病残人数为0.5人,比已脱贫家庭高出0.2人。A县未脱贫家庭户均病残人数比其已脱贫户均值增高0.2人,B县增高0.1人,C县增高0.4人;哈尼族未脱贫家庭户均病残人数比其已脱贫户均值增高

0.2人，比其他少数民族增高0.1人，比汉族增高0.2人。对比显示，未脱贫家庭病残率明显高于已脱贫家庭，也可以说家庭成员生病或残疾在一定程度上制约着家庭经济发展（详见表3-15）。

不同的疾病或患病在不同类型家庭间分布有差异。未脱贫家庭户均残疾人0.14人，其中A县0.11人、B县0.18人、C县0.32人，哈尼族0.12人、其他少数民族0.18人、汉族0.21人。患有慢性病或大病的户均人数为0.31，其中A县0.37人、B县0.20人、C县0.30人，哈尼族0.31人、其他少数民族0.34人、汉族0.29人。既有残疾又患病的户均人数为0.01人，其中除C县为0.04人，其他类型家庭均为0.01人。

6. 未脱贫户的劳动力分布

未脱贫户家庭中的劳动力资源与已脱贫家庭比较有减少，户均劳动力人数减少0.3人。A县未脱贫家庭户均劳动力与其已脱贫户比较减少0.3人，B县减少0.3人，C县减少1.4人；哈尼族家庭减少0.3人，其他少数民族减少0.5人，汉族减少0.3人。劳动力中技能劳动力户均人数为0人，现有劳动力资源基本是普通劳动力，这可能会使得未脱贫户在脱贫过程中的劳动力价值缺少竞争力（详见表3-15）。

非劳动力包括丧失劳动力与非劳动力两种类型，未脱贫家庭户均非劳动人数为1.9人，中位数2人。A县未脱贫家庭户均非劳动力2.1人、B县1.4人、C县1.6人，哈尼族未脱贫家庭户均非劳动力1.9人、其他少数民族1.6人、汉族1.5人。所有未脱贫家庭中户均丧失劳动力人数为0人，现有非劳动力构成基本是无劳动力类型，他们需要家庭中的劳动力供养。

表3-15　未脱贫居民家庭特征

			家庭规模	平均年龄	教育年限	在校生数	病残人数	劳动力数
县	A	均值	4.6±2.0	33.3±12.3	5.1±2.0	1.1±1.1	0.5±0.7	2.4±1.2
		中位数	4.0	31.0	5.6	1.0	0	2.0
	B	均值	3.8±1.6	41.0±12.2	6.4±1.7	0.6±0.8	0.4±0.6	2.3±1.2
		中位数	4.0	39.3	6.0	0	0	2.0
	C	均值	3.2±1.6	43.1±15.6	5.2±2.4	0.7±0.9	0.7±0.7	1.6±1.3
		中位数	3.0	40.8	6.0	0	1.0	2.0

（续表）

			家庭规模	平均年龄	教育年限	在校生数	病残人数	劳动力数
民族	哈尼族	中位数	4.4±2.0	35.2±12.6	5.4±2.0	1.0±1.1	0.4±0.7	2.4±1.2
		均值	4.0	33.0	6.0	1.0	0	2.0
	其他民族	均值	3.9±1.7	40.1±13.6	5.9±2.0	0.8±0.9	0.5±0.7	2.1±1.2
		中位数	4.0	38.3	6.0	0	0	2.0
	汉族	均值	3.8±1.6	40.9±13.1	6.4±1.9	0.7±0.8	0.5±0.7	2.2±1.2
		中位数	4.00	39.0	6.0	0	0	2.0
合计	均值		4.3±1.9	36.3±12.9	5.6±2.0	0.9±1.0	0.5±0.7	2.4±1.2
	中位数		4.0	34.2	6.0	1.0	0	2.0

7. 未脱贫户的致贫原因分布

未脱贫户致贫原因排位前五的依次是缺技术(33.0%)、因病(20.8%)、缺劳力(13.5%)、内动力不足(9.4%)、缺资金(8.4%)，但不同类型未脱贫户致贫原因分布并不相同。A县未脱贫户致贫原因主要是缺技术(39.8%)、因病(26.4%)、缺劳力(10.0%)、缺内动力(9.6%)、因残(5.5%)。B县致贫原因主要是缺资金(24.0%)、缺技术(22.5%)、缺劳力(18.9%)、因病(11.4%)、缺内动力(8.8%)。C县致贫原因则表现分散：缺劳力(20.9%)、因病(18.9%)、缺技术(14.8%)、缺内动力(12.8%)、缺资金(10.6%)、因残(10.3%)、因学(10.0%)。哈尼族未脱贫户致贫主要原因是缺技术(35.1%)、因病(21.1%)、缺劳力(13.0%)、缺内动力(9.6%)、缺资金(7.2%)。其他少数民族致贫原因主要是缺技术(27.2%)、因病(21.2%)、缺劳力(14.6%)、缺资金(10.7%)、缺内动力(8.6%)。汉族致贫原因主要是缺技术(22.4%)、缺资金(20.8%)、因病(18.3%)、缺劳力(16.2%)、缺内动力(8.4%)。

（三）小结

未脱贫居民不管是从个体还是从家庭分析，与已脱贫居民比，他们的年龄偏年轻、文化程度偏低，但A县、哈尼族未脱贫家庭由于家庭中少年儿童居民数量相对多而拉低了他们的平均年龄，与已脱贫户相比基本没有变化。各种类型的未脱贫户的户均病残人数均表现为比已脱贫户偏多、劳动力数明显偏少。虽然户均在校人数整体变化不大,但非义务教育人数户均 0.14 人,C 县与汉族未脱贫户略高。对未脱贫户来说,A 县、B 县相对于 C 县,哈尼族相对于其他民族类型的居民和家庭数量都是偏多的,但与已脱贫户比较,文化程度偏低、相对缺少劳动力、病残偏多这些家庭特征却是共同的。

四、返贫居民分析

建档立卡贫困户中,有一类贫困户比较特殊即返贫户,他们曾经脱贫但由于各种原因又返回贫困户行列,贫困户系统中有 1%、583 户返贫户,2 293 人。虽然相对于 5 万余户贫困家庭的建档信息,1%显得微不足道,但在脱贫工作过程中返贫户对脱贫工作更有警示作用,他们为什么脱贫后又返贫也更值得关注。返贫居民平均年龄 36.2±21.2 岁;少年儿童占比 19.0%,劳动适龄居民占 65.6%,老年人占 15.4%;67.3%是哈尼族,17.1% 是其他少数民族。返贫居民人均收入 3 662.14±1 931.14 元、收入中位数 3 148.67 元,38.3%居住的房屋仍是危房。返贫户中,22.1%来自 A 县,71.7%来自 B 县,6.2%来自 C 县;64.0%来自哈尼族家庭,17.0%来自其他少数民族,19.0%来自汉族家庭。

(一) 以个人为分析单位

返贫居民年龄分布在不同县间并不相同,少年儿童比例按 B 县、C 县、A 县次序递增,但劳动适龄居民却按这一顺序递减,老年居民比例在三县间差别不大。A 县返贫居民平均年龄 32.6±21.7 岁、中位年龄 31 岁,B 县 37.5±20.9 岁、中位年龄 38 岁,C 县 35.8±20.9 岁、中位年龄 35 岁。由此可见,A 县返贫居民最年轻,C 县其次,B 县最长(详见表 3-16)。

表 3-16 返贫居民年龄分布

			年龄组			
			0～14	15～59	60+	合计
县	A	人数	138	334	75	547
		百分比	25.2%	61.1%	13.7%	100.0%
	B	人数	275	1 098	260	1 633
		百分比	16.8%	67.2%	15.9%	100.0%

（续表）

			年龄组			
			0～14	15～59	60＋	合计
县	C	人数	23	72	18	113
		百分比	20.4%	63.7%	15.9%	100.0%
合计		人数	436	1 504	353	2 293
		百分比	19.0%	65.6%	15.4%	100.0%

返贫居民文化程度以小学、初中、文盲半文盲为主，但不同县间文化程度分布有差异。A县、C县返贫居民中文盲半文盲比例都在20%以，但B县这一比例不到10%；A县、B县小学比例接近60%，但C县这一比例不到50%；B县、C县返贫户初中比例在25%左右，但A县这一比例相对低8～10个百分点。来自B县的返贫居民文化程度明显高于A县、C县两县（详见表3－17）。

表3－17　返贫居民文化程度分布

			非在校生					
			文盲半文盲	小学	初中	高中	大专及以上	合计
县	A	人数	84	211	61	6	3	365
		百分比	23.0%	57.8%	16.7%	1.6%	0.8%	100.0%
	B	人数	119	749	336	46	16	1 266
		百分比	9.4%	59.2%	26.5%	3.6%	1.3%	100.0%
	C	人数	17	40	20	3	1	81
		百分比	21.0%	49.4%	24.7%	3.7%	1.2%	100.0%
合计		人数	220	1 000	417	55	20	1 712
		百分比	12.9%	58.4%	24.4%	3.2%	1.2%	100.0%

返贫居民民族分布虽然仍是以哈尼族为主，但不同县间民族分布却明显不同。A县返贫居民中，哈尼族占73.9%，其他少数民族比例占到21.9%，这与上文已脱贫、未脱贫居民民族分布相比要相对分散。B县民族分布与上文比例变化相对不大，变化最大的是C县。C县返贫的100余人，

其民族属性几乎全部是哈尼族(详见表 3-18)。

表 3-18 返贫居民民族分布

			民族			
			哈尼族	其他民族	汉族	合计
县	A	人数	404	120	23	547
		百分比	73.9%	21.9%	4.2%	100.0%
	B	人数	1 029	269	335	1 633
		百分比	63.0%	16.5%	20.5%	100.0%
	C	人数	111	0	2	113
		百分比	98.2%	0.0%	1.8%	100.0%
合计		人数	1 544	389	360	2 293
		百分比	67.3%	17.0%	15.7%	100.0%

(二) 以家庭为分析单位

1. 返贫户的家庭规模分布

返贫户平均家庭规模为 4.3 人,但三县间家庭规模并不相同,相对于各县已脱贫户、未脱贫户,返贫户规模有增有降。A 县返贫户家庭规模(4.2 人)比其已脱贫户(5.0 人)少 0.8 人,比未脱贫户(4.6 人)少 0.4 人,可以说 A 县返贫户家庭规模偏小;C 县也有类似现象,返贫户家庭规模(3.1 人)比其已脱贫户(4.1 人)少 1 人,比未脱贫户(3.2 人)少 0.1 人。但 B 县返贫户家庭规模(3.9 人)比其已脱贫户(4.1 人)少 0.2 人,却比未脱贫户(3.8 人)多 0.1 人。

哈尼族返贫户平均家庭规模为 4 人,相对于其已脱贫户(4.5 人)、未脱贫户(4.4 人)家庭规模均有减少,减少幅度分别为 0.5 人、0.4 人。其他民族、汉族返贫户平均家庭规模表现出相同的变化特征,即较未脱贫户平均家庭规模没有变化,但较已脱贫户家庭规模略有减少,下降幅度分别为 0.2 人、0.3 人。不同民族类型返贫户的共性是相对于其已脱贫户平均家庭规模都有所下降(详见表 3-19)。

表 3－19　返贫居民家庭特征

			家庭规模	平均年龄	教育年限	在校生数	病残人数	劳动力数
县	A	均值	4.2±1.9	35.4±12.0	5.5±1.9	0.9±1.0	0.7±0.8	2.2±1.2
		中位数	4.0	32.8	6.0	1.0	1.0	2.0
	B	均值	3.9±1.4	38.9±11.2	6.6±1.6	0.7±0.8	0.4±0.6	2.3±1.2
		中位数	4.0	37.8	6.4	1.0	0	2.0
	C	均值	3.1±1.5	40.5±16.3	5.7±2.5	0.8±0.8	0.4±0.6	1.7±1.3
		中位数	3.0	35.1	6.0	1.0	0	2.0
民族	哈尼族	中位数	4.0±1.6	38.2±11.9	6.2±1.9	0.8±0.9	0.5±0.6	2.3±1.3
		均值	4.0	36.3	6.0	1.0	0	2.0
	其他民族	均值	3.9±1.5	39.2±12.4	6.3±1.4	0.6±0.7	0.6±0.8	2.2±1.1
		中位数	4.0	38.6	6.0	0	0	2.0
	汉族	均值	3.8±1.4	37.7±11.2	6.7±1.5	0.9±0.8	0.5±0.6	2.1±1.0
		中位数	4.00	35.2	6.0	1.0	0	2.0
合计	均值		3.9±1.6	38.3±11.8	6.3±1.8	0.8±0.8	0.5±0.7	2.3±1.2
	中位数		4.0	36.5	6.0	1.0	0	2.0

2. 返贫户的年龄分布

返贫户平均年龄 38.3 岁，较已脱贫户、未脱贫户平均年龄均显年长。A 县返贫户平均年龄比其已脱贫户大 2.9 岁，比未脱贫户大 1.9 岁，表现出返贫户与其他类型贫困户都要年长。B 县、C 县返贫户有相同的变化趋势：其返贫户平均年龄较已脱贫户年长，增长幅度分别为 0.2 岁、3.4 岁；较未脱贫户有所下降，下降幅度分别为 2.1 岁、2.6 岁。也就是说同县内比较，A 县返贫户平均年龄偏大，而 B 县、C 县返贫户平均年龄介于其已脱贫户与未脱贫户之间(详见表 3－19)。

不同民族类型返贫户平均年龄变化趋势并不相同。哈尼族返贫家庭比其已脱贫户、未脱贫户年长 3 岁；其他少数民族返贫户比其已脱贫户年长 1.5 岁，比未脱贫户年轻 0.9 岁。汉族返贫户平均年龄减小，比其已脱贫户减小 1.7 岁，比未脱贫户减小 3.2 岁。不同民族返贫户与各自民族的已脱贫户、未脱贫户比较，平均年龄变化各不相同，没有表现出统一的变化规律。

3. 返贫户的受教育年限分布

返贫户人均受教育年限为6.3年,较未脱贫户高0.7年,较已脱贫户高0.1年。A县返贫户平均受教育年限比未脱贫户高0.4年,比已脱贫户低0.1年;B县返贫户分别比其未脱贫户高0.2年,比已脱贫户低0.1年;C县返贫户比其未脱贫户高0.5年,比脱贫户低0.6年。尽管不同县未脱贫户平均受教育年龄变化趋势相同,但C县未脱贫户变化幅度最大(详见表3-19)。

不同民族返贫户平均教育年限均表现出高于未脱贫户、低于已脱贫户的变化特点。哈尼族、其他少数民族、汉族未脱贫户分别比其未脱贫户分别高0.8年、0.4年、0.3年,比已脱贫户分别低0.1年、0.2年、0.1年。不同民族、不同县返贫户在教育年限上反映脱贫可能与家庭教育年限有关系,但脱贫后又返贫却不一定与教育年限有关。

4. 返贫户的子女教育分布

返贫户平均在校生0.8人,比未脱贫户、已脱贫户均低0.1人。A县返贫户平均在校生比其未脱贫户少0.2人,比已脱贫户少0.4人;B县、C县未脱贫户在校生比其未脱贫户少0.1人,却与已脱贫户相同,分别为0.7人、0.8人。各县返贫户在校生人数普遍略低于未脱贫户,但与其已脱贫户间差异却并不相同,总体上返贫户平均在校生比已脱贫户少,主要是由A县在校生人数偏低导致的(详见表3-19)。

哈尼族未脱贫户与已脱贫户在校生平均人数均为1.0人,其他少数民族均为0.8人,这两类民族的返贫户在校生分别为0.8人、0.6人,比前者低0.2人。汉族返贫户在校生比其未脱贫户高0.2人,比已脱贫户高0.1人。由此可见,不同民族类型返贫户平均在校生与未脱贫户、已脱贫户比较变化趋势并不完全相同,汉族返贫户在校生人数亦略有提高,而少数民族返贫户均有下降。

户均义务教育在校生在返贫家庭中为0.48人,其中A县返贫户0.55人、B县0.46人、C县0.47人,哈尼族返贫户0.50人、其他少数民族0.34人、汉族0.56人。户均高中或大学在校生在返贫家庭中为0.19人,其中A县返贫户中0.25人、B县0.17人、C县0.25人,哈尼族0.18人、其他少数民族0.14人、汉族0.27人。尽管不同返贫户间义务教育、非义务教育在校生人数各有不同，但高中或大学非义务教育在校生的户均人数比义务教育在校生普遍低 0.2～0.3 人左右。

5. 返贫户的病残分布

返贫户平均病残人数与未脱贫户一致，户均为 0.5 人，比已脱贫户多 0.2 人。A 县返贫家庭户均病残人数比其未脱贫户多 0.2 人，比已脱贫户多 0.4 人；B 县返贫户与未脱贫户平均病残人数相同，但比已脱贫户多 0.1 人；C 县返贫户比其未脱贫户少 0.3 人，比已脱贫户多 0.1 人。尽管三县返贫户平均病残人数分布并不完全相同，但与已脱贫户相比，返贫户病残人数均明显偏多，甚至有比未脱贫户还要多(详见表 3－19)。

不同民族返贫户的平均病残人数几乎均相对较高。哈尼族返贫户平均病残人数比其未脱贫户高出 0.1 人，比已脱贫户高出 0.2 人；其他少数民族返贫户比其未脱贫户高出 0.1 人，比已脱贫户高出 0.2 户；汉族返贫户平均病残人数与未脱贫户一致，比已脱贫户高出 0.2 人。尽管不同民族返贫户在平均病残人数上的分布也不尽相同，但均比已脱贫户略有提高。

对返贫户而言，病残发生与再次贫困有直接联系，家庭成员致残或患病可导致本已脱贫家庭重新进入贫困户行列，并且不同病残导致在不同类型返贫户中分布也不相同。返贫户平均残疾人数 0.20 人，其中 A 县 0.21 人、B 县 0.45 人、C 县 0.25 人；哈尼族返贫户 0.18 人、其他少数民族 0.28 人、汉族 0.19 人。返贫户仅患有长期慢性病或大病的户均 0.27 人，其中 A 县 0.52 人、B 县 0.21 人、C 县 0.14 人，哈尼族 0.25 人、其他少数民族 0.32 人、汉族 0.28 人。返贫户中既残疾又患病的户均人数 0.01 人，其中 A 县 0.02 人、B 县 0.01 人、C 县 0 人，哈尼族 0.02 人、其他少数民族 0 人、汉族 0 人。

6. 返贫户的劳动力分布

返贫家庭户均劳动力 2.3 人，比未脱贫户少 0.1 人，比已脱贫户少 0.4 人。A 县返贫户劳动力比其未脱贫户少 0.2 人，比已脱贫户少 0.5 人；B 县返贫户劳动力户均与其未脱贫户无变化，比已脱贫户少 0.3 户，C 县户均劳动力比其未脱贫户多 0.1 人，比已脱贫户却大幅减少 1.0 人。各种类型返贫户劳动力基本都偏少，并且以比脱贫户少为明显，C 最甚(详见表 3－19)。

哈尼族返贫户平均劳动力(2.3 人)比其未脱贫户(2.4 人)少 0.1 人，比已脱贫户(2.7人)少0.4人;其他少数民族返贫户比其未脱贫户增加0.1人,比已脱贫户减少0.4人;汉族返贫家庭比其未脱贫户减少0.1人,比已脱贫户减少0.4人。与已脱贫户劳动力相比,返贫户户均劳动力人数都有所下降;与未脱贫户相比,返贫户户均劳动力人数有增有减,但增减幅度不大。劳动力中,除了A县、其他少数民族返贫户户均有0.01人技能劳动力外,其他都为普通劳动力。

户均非劳动力在返贫户中为1.5人,其中A县1.9人、B县1.4人、C县1.3人,哈尼族1.6人、其他少数民族1.4人、汉族1.5人。非劳动力由丧失劳动力和无劳动能力构成,但返贫户中各种类型的户均丧失劳动力人数均为0。也就是说,返贫户非劳动力主要是无劳动力的贫困居民。非劳动力人数的增加自然会增加家庭的供养负担。

7. 返贫户的致贫原因分布

致贫原因在返贫户中主要是缺技术(22.6%)、缺劳力(20.9%)、因病(18.7%)、缺资金(18.4%)、因内动力不足(6.2%)、因残(5.5%),但不同类型返贫户致贫原因分布并不相同。不同县返贫户中,A县主要致贫原因是因病(40.3%)、缺技术(24.8%)、缺劳力(12.4%)、因残(9.3%)、因内动力不足(5.4%)。B县主要致贫原因是缺资金(24.4%)、缺劳力(23.7%)、缺技术(20.8%)、因病(13.2%)、因内动力不足(6.7%)。C县主要致贫原因是缺技术(36.1%)、缺劳力(19.4%)、缺资金(13.9%)、因残(11.1%)、因学(11.1%)、因病(5.6%)。哈尼族返贫户致贫主要原因是缺技术(22.8%)、缺资金(20.1%)、缺劳力(19.6%)、因病(17.0%)、因残(5.7%)。其他少数民族主要是缺技术(28.3%)、因病(18.2%)、缺劳力(17.2%)、缺资金(15.2%)、因内动力不足(9.1%)、因残(7.1%)。汉族缺劳力(28.8%)、因病(18.0%)、缺技术(17.1%)、缺资金(15.3%)、因内动力不足(8.1%)。

(三) 小结

返贫家庭为什么在脱贫后又返回贫困户行列是在扶贫工作中值得去研究的现象,建档贫困户中1%的返贫户分析反映出不同县际、不同民族间返贫居民或家庭的年龄、文化程度、在校生、劳动力在与其各自已脱贫户、未脱贫户比较变化趋势并不完全一致,但各种类型的返贫户的平均病残人数普遍比已脱贫户多。可以看到家庭中病残人数的增加可能会导致已脱贫家庭返贫，但返贫应该不是单纯因为病残人数增加这一单一因素，可能存在多种家庭内部、外部因素导致返贫。

五、脱贫属性的综合分析

56 378 户建档立卡贫困家庭、244 501 名贫困居民目前的脱贫属性分别是已脱贫、未脱贫、返贫三种状态。前文已对不同脱贫属性家庭在县际、民族间进行了比较，现在综合不同脱贫属性家庭对他们的生活状态、家庭特征进行对比分析，了解不同状态下建档立卡贫困户间的共性与特性。

(一) 脱贫属性与生活状态

根据国务院平台内建档立卡户的基本信息，生活状态相关信息包括是否有大病保险、家庭居住条件是否危房、饮用水是否安全、饮用水是否困难、家庭人均收入的信息进行分析。由于建档贫困户均已实现贫困户大病保险的全覆盖，因此不再对这一信息进行对比分析。饮水困难与饮水安全问题基本解决，只是个别未脱贫户和返贫户家庭在饮用水上还待改进。未脱贫户与返贫户的主要问题集中在住房安全上，他们相当比例还住在危房中，如表 3－20 所示。

已脱贫户人均收入明显高于未脱贫户、返贫户，高出额度在 2 000 元，甚至更高。可见脱贫给贫困户带来了生活状态的根本转变，不仅加入大病保险、住房安全、饮用水安全，而且人均收入大幅提高。同时也注意到返贫户的人均收入比未脱贫户高出 500 余元，也一定程度上反映出尽管脱贫后又返贫，但是经济基础相对好于未脱贫户。不管哪类脱贫属性的贫困户，他们的人均收入均在 3 000 元以上，高于贫困线标准。因此从群体规模的角度看，危房改造是今后脱贫工作中的重点。

表 3－20 脱贫属性与生活状态

			危房	饮水困难	饮水安全	人均收入/元
			是	是	否	均值
脱贫属性	已脱贫	户数或均值	4	0	0	5 614.65
		%或中位数	0.0%	0.0%	0.0	4 632.42

（续表）

			危房	饮水困难	饮水安全	人均收入/元
			是	是	否	均值
	未脱贫	户数或均值	16 255	304	300	3 161.16
		%或中位数	57.2%	1.1%	1.1%	2 752.00
	返贫	户数或均值	216	3	2	3 674.60
		%或中位数	37.0%	0.5%	0.3%	3 144.00
合计	户数或均值		16 475	307	302	4 358.73
	%或中位数		29.2%	0.5%	0.5%	3 729.02

（二）脱贫属性与家庭特征

1. 家庭规模与劳动力和脱贫属性的关系

通常有种看法是家庭规模大劳动力就会多，劳动力多就会创造更高的经济效益。在表 3-20 中也反映出这样的趋势，平均家庭规模、户均劳动力按已脱贫、未脱贫、返贫的脱贫属性依次下降。不过家庭规模的中位数在不同脱贫属性的家庭中却是相同的，小于已脱贫、未脱贫户家庭规模均值，略大于返贫户均值。这表明已脱贫、未脱贫户家庭规模分布呈现右偏特点。即在这两类家庭中，存在一些家庭规模比较大、比例不太高的家庭会拉高家庭规模的均值，10.9%的已脱贫户家庭规模在 7 人以上，12.18%的未脱贫户家庭规模在 7 人以上，甚至十几人一户，最大的一例家庭规模竟然有 26 人。只有 6.4%的返贫户家庭规模在 7～9 人，没有更大规模的家庭。尽管家庭规模中位数一致，但从户均劳动力中位数看，已脱贫家庭户均劳动力的中位数确实比未脱贫家庭、返贫家庭多一名劳动力。所以说家庭规模与脱贫属性的关系并非直接的，而家庭中的劳动力才是创造财富的主体。

2. 平均年龄与教育年限和脱贫属性的关系

年纪轻有干劲儿，而有文化能增强个人能力，不管对个人还是对家庭都有助于其发展，但建档贫困户平均年龄仅 30 余岁，居民结构呈现老龄化，文化程度仅相当于小学，可以说这是个既不年轻又低文化程度的群体。即便如此，年龄、文化程度也在不同脱贫属性间显示出它们之间的联系。已脱贫户与未脱贫户平均年龄差异不大，但年龄中位数却大了近 1 岁；而返贫户比未脱贫户平均年龄不管是均值、还是中位数都大了 2 岁左右。返贫户是有过已脱贫经历后再进入贫困行列的，这样看来，最初脱贫的家庭平均年龄都要比未脱贫户年长，并且文化程度也普遍高于未脱贫户。家庭居民平均年龄在反映家庭年轻化程度的时候会直接受家庭居民结构影响，相同平均年龄的家庭可能有完全不同年龄成员的家庭结构，因此家庭人均年龄与脱贫属性的关系会受到家庭成员年龄结构干扰，不能像教育程度与脱贫属性间关系表现得比较清晰。

对于已脱贫户和返贫户而言，他们的平均教育程度均高于未脱贫户，也就是说文化程度高些的家庭先脱贫了。尽管三类不同脱贫属性家庭教育年限中位数都相同，但与各自的均值比较发现，未脱贫户教育年龄中位数大于均值，表现其文化程度是左偏分布趋势。即未脱贫户的受教育年限分布中，有不少极低的教育年限拉低了其平均教育年限，如家庭人均教育年限为 1 年的就占 6.8%，而已脱贫家庭、返贫家庭这一比例为 2.4%、3.3%。对于返贫户来说，他们文化程度相对最高，年纪也最长，由原来的已脱贫状态又重新成为贫困户应该与文化程度因素无关，之所以返贫可能有年龄的原因，也可能有其他因素的影响。

3. *在校生与病残和脱贫属性的关系*

家庭中的在校生与病残成员都会消耗一定的家庭经济资源，严重的完全需要家庭供养，但是表 3 - 21 中户均病残人数、在校生人数在不同脱贫属性间却表现各异。未脱贫户、返贫户家庭平均病残人数均较已脱贫家庭高出 0.2 人左右，这与致贫原因的中的因病、因残致贫相呼应。在校生人数在已脱贫、未脱贫家庭间却变化不大，只是返贫家庭户均在校生人数最少，但不同属性间中位数均相同。考虑到义务教育对家庭经济负担影响较小，只计算高中或大学在校生的户均人数分别是已脱贫家庭 0.16 人，未脱贫家庭 0.14 人，返贫家庭 0.19 人。这表明，高中或大学非义务教育在校生人数的增加也可能给家庭形成经济压力，使本已脱贫的家庭又陷入贫困。

表 3-21　脱贫属性与家庭特征

脱贫属性		家庭规模	平均年龄	教育年限	在校生数	病残人数	劳动力数
已脱贫	均值	4.40	36.38	6.23	0.92	0.27	2.65
	标准差	1.73	10.91	1.83	1.00	0.54	1.15
	中位数	4.00	35.00	6.00	1.00	0.00	3.00
未脱贫	均值	4.28	36.28	5.56	0.93	0.46	2.35
	标准差	1.91	12.92	2.01	1.05	0.67	1.21
	中位数	4.00	34.17	6.00	1.00	0.00	2.00
返贫	均值	3.93	38.25	6.32	0.75	0.48	2.26
	标准差	1.57	11.85	1.81	0.84	0.68	1.19
	中位数	4.00	36.50	6.00	1.00	0.00	2.00
合计	均值	4.34	36.35	5.89	0.92	0.37	2.49
	标准差	1.82	11.97	1.95	1.02	0.62	1.19
	中位数	4.00	34.67	6.00	1.00	0.00	2.00

4. 非农务工与脱贫属性的关系

社会经济的不断发展，农村居民逐渐认识到单纯依靠家庭中的责任田并不能产生多少经济效益，大量农业劳动力脱离传统的家庭务农方式，转而从事非农工作，我国2亿流动居民的主要构成是从农村流出的劳动力。本次研究的哈尼族聚集地区，不同脱贫属性与是否外出务工之间存在差异，54.5%的已脱贫家庭至少有1人外出务工，52.9%的未脱贫家庭无人外出务工，71.5%的返贫家庭无人外出务工。县际，66.0%的A县建档户至少有一人外出打工，B县70.2%无人外出打工，C县35.9%无人外出打工；民族间，53.4%的哈尼族家庭至少有一人外出打工，51.6%其他少数民族家庭无人外出打工，66.8%汉族家庭无人外出打工。

有人外出务工家庭中，户均务工人数中位数在不同脱贫属性间均为1人，已脱贫户均值相对最高，比返贫户高出0.23人；户均工作月数不管是均值还是中位数都是已脱贫户明显高于未脱贫户与返贫户，其中均值高出幅度分别约为1.7个月、1.1个月；家庭人均工作时长也是已脱贫户高于未脱贫户与返贫户，中位数高出幅度均为 1.5 个月。由此可见，不仅是否外出务工与脱贫属性有关系，在外出务工的家庭中不同的外出务工状态也对脱贫属性有影响(详见表 3-22)。

务工时间长相应会带来较高的经济收入，已脱贫户不仅务工时间长而且人均收入高。表 3-22 显示已脱贫户人均收入比未脱贫户高出近 2 500 元，中位人均收入高出 1 900 元。返贫户人均收入尽管也大幅低于已脱贫户，但其收入均值、中位数都在贫困线标准以上。而未脱贫户尽管人均收入均值高于 3 000 元，但中位收入仅 2 708.20 元，低于贫困线标准，而其家庭人均工作时长也明显低于已脱贫户、返贫户。因此，建档立卡户有劳动力仅仅是经济发展的基础，他们要能够外出务工，勤于工作才是脱离贫困的必要途径。

表 3-22 脱贫属性与非农务工

脱贫属性		总工作月数	务工人数	人均务工月数	人均收入
已脱贫	均值	11.02	1.57	6.99	5 654.82
	标准差	7.72	0.75	3.32	2 971.15
	中位数	10.00	1.00	6.50	4 615.95
未脱贫	均值	7.96	1.49	5.33	3 180.30
	标准差	6.28	0.71	3.07	1 980.20
	中位数	6.00	1.00	5.00	2 708.20
返贫	均值	7.96	1.34	5.82	3 749.77
	标准差	6.53	0.59	3.49	1 675.47
	中位数	6.00	1.00	5.00	3 192.97
合计	均值	9.57	1.53	6.20	4 482.11
	标准差	7.23	0.73	3.31	2 830.09
	中位数	8.00	1.00	6.00	3 745.60

在外出务工地点的信息中，平台系统中有些建档立卡户的家庭成员仅提供了务工时长，而未提供在何处务工，因此有外出务工信息中存在部分务工地点缺失。在已有务工地点信息中，17.6%的建档户家庭有人在云南省外务工，不同脱贫属性家庭差异不大；53.5%的已脱贫户、49.3%的返贫户

家庭中有人在省内县外务工,69.4%的未脱贫户家庭中有人在省内县外打工;16.1%的已脱贫户、11.9%的返贫户家庭中有人在县内乡镇外务工,未脱贫户这一比例为7.2%;21.1%的已脱贫户、23.9%返贫户、11.4%的未脱贫户在乡镇内务工。总体看,不同脱贫属性务工地点均以省内县外为主(61.5%)。

不过县际、民族间建档立卡户家庭成员的外出务工却差异明显。家庭成员中有省外务工的比例在C县为28.7%、A县17.6%、B县9.0%。省内县外务工的比例在A县为69.7%、B县40.0%、C县29.9%。县内乡镇外务工的比例在C县为36.9%、B县17.9%、A县7.2%。乡镇内务工的比例在B县为39.0%、C县16.7%、A县12.0%。哈尼族、其他少数民族在省外(18.4%、14.2%)、省内县外(63.4%、56.7%)务工的比例都比汉族高(12.9%、39.1%),在县内乡镇外(10.5%、15.4%)、乡镇内(14.3%、22.9%)比汉族高(21.5%、33.0%)。差异化的外出务工地点分布一方面说明了建档立卡户外出流动的地理范围,它会受到劳动力自身知识、能力、健康、家庭状况等因素的制约;另一方面也反映出劳动力所在省、市、县、乡各层行政区划社会经济发展状况,如果老家工业企业、服务业发展良好,可提供众多就业机会,他们就能够有选择地决定去何处务工,而不一定必须离乡离土去外地寻找就业机会。

(三)小结

建档贫困户信息系统中三类脱贫属性所涉及的贫困户属性也有不同:在已脱贫户中,78%是一般农户,21.7%是低保户,0.3%是五保户。在未脱贫户中,66.1%是一般贫困户,32.0%是低保贫困户,1.9%是五保贫困户。在返贫户中,69.1%是一般贫困户,30.4%是低保贫困户,0.5%是五保贫困户。不管哪类贫困户、何种脱贫属性、何种贫困户属性,建档立卡的基本信息除了他们的生活状态,还记录了他们的居住状态、年龄、民族、教育、在校生、病残、劳动力、务工等特征信息,以家庭为单位进行分析时这些便成为家庭特征。分析中发现家庭特征如教育程度、病残、劳动力、外出务工等确实与脱贫属性间存在相关关系,但同时也要注意到,不管是家庭致贫还是扶贫脱贫都不仅仅是家庭内部居民特征能完全决定的,而家庭、村居、区域、社会等多层面、多因素综合作用的结果。

六、结论与建议

(一) 结论

当前在国家全面脱贫奔小康的进程中，哈尼族地区建档立卡贫困户在政府帮扶政策的支持下，结合个人、家庭努力，农村居民人均可支配收入不断增长，相当部分的贫困户已经脱贫出列。在脱贫攻坚的决胜阶段，农村扶贫工作既要达到未脱贫户成功脱贫，又要实现已脱贫户不再返贫，那么哈尼族地区影响贫困户脱贫的制约因素有哪些呢？文中对贫困户基本信息的分析不难发现，贫困户普遍存在居民素质极低，内生动力不足的现象；从相关外部因素看缺少规模产业，区域环境交通等基础设施落后等直接制约着农村脱贫工作的开展。

1. 家庭内部制约因素

A、B、C 三个县位于云南中南部地区的哈尼族聚集地，农村贫困户居民素质远低于全国平均水平。首先是文化程度低，2010 年我国居民普查数据显示全国初中及以上文化程度居民占 61.75%，而本研究中 15 岁及以上建档立卡贫困居民中 67.3%是小学及以下的文化程度，40 岁以上的贫困居民中 88.3%是小学及以下文化程度。极低的文化程度自然限制了个人与家庭经济发展的能力，其中访谈中反映的信息是“女性没文化的特别多，多居住在山区或半山区，发的猪苗都能养死”。

第二是子女教育发展中重眼前利益。建档立卡信息的分析发现，户均高中或大学以上在校生人数均低于 0.2 人，小学、初中义务教育也存在辍学现象。义务教育辍学主要是因为厌学，通常家长只要“送孩子去学校上学就好了，(至于到学校后)学不学，学得好不好就不管了”。也存在着很多家庭子女初中毕业后不再继续求学，原因有多种，如现在上学出来也不包分配，读书 10 年、20 年出来都是要打工，“为什么不早点出来打工哪，还能早点挣钱”。

第三是劳动力缺技能。现有 24 万建档贫困居民中仅 199 人有劳动技能，其他劳动力均为普通劳动力。据当地扶贫工作人员介绍，目前外出打工者从事的都是粗放型工作，男性多在建筑工地，女性多做餐饮服务。如果技术工月工资是 6 000 元，那在建筑工地扛水泥包也就只有 3 000 元，因此没有专业技能即使外出打工也只能从事低端低薪的简单体力工作。缺少一技之长使他们始终处于劳动力的低层，即使再早出来打工挣钱，经济收益也难抵专业技工。

建档贫困户界定的致贫原因主要有缺技术、缺劳力、缺资金、因病残等，其中一项也不容忽视，那就是贫困户自身缺少内动力。所谓缺少内动力无非就是个人脱贫不积极，不能主动采取措施发展家庭经济。深入分辨脱贫过程内生动力不足的现象，可能存在三种不同情况。一种是没有意识到目前生活差，满足于现状。通常这些群众过着自给自足的生活，一辈子没有走出过大山，没见过外面世界。没有比较自然觉得自己现在日子过得“还可以”，也没有意识改变目前生活的必要性。

再一种是知道自己生活差，也想脱贫，但不知道怎样脱贫。部分贫困户身边缺少发展经济的带头人，缺少示范效应的激励作用。这类人群在脱贫过程中缺少自身定位，缺少开拓精神，没有发展方向，在脱贫过程中的不知所措就可能表现出缺少行动，甚至没有行动，缺少个人能动性。

第三种就是脱贫工作中滋养出来的“懒汉”。这类贫困户知道自己生活差，但他们把生活状态的改善寄托在外力上，因为是“你要我脱贫”而不是“我要脱贫”，所以你要负责我脱贫。由此必然产生“等靠要”的思想，如一位民政干部下乡走访贫困户时，一个贫困家庭的中年妇女说“一个民政局的来我们这里，我们一个鸡蛋也没吃到，你让我们怎么脱贫”。对于这类贫困户，有句话可以形象地反映他们的状态“蹲着墙根晒太阳，什么不做奔小康”。因此有扶贫干部反映在全面脱贫过程中，政府步伐走得太急，主导作用发挥过大，贫困对象却退缩了，内生动力没有得到充分发挥，导致“拔苗助长”。

2. 外部环境制约因素

云南中南部都是山区、半山区地形，尽管常年气候宜人，但崇山峻岭间人均耕地面积少、交通闭塞的区域因素制约着社会经济的发展。首先山区地形人均耕地面积少，不适合发展传统种植农业，而山林分散到户也难以产生显著的经济效益。很多脱贫户与未脱贫户在自然条件上就有差异，山地，特别是高寒山地贫困户脱贫比平地贫困户脱贫难度大多了。与 A 县、B 县脱贫率相比，C 县目前仅有 9%的未脱贫或返贫户，如此高效率的脱贫进度自然与其整体社会经济发展有关，但是也离不开其相对优越的自然条件，C

县多平地，而A县、B县几乎全部是山区。

其次是交通闭塞影响发展。近年来，云南山区农村已经大力加强水电路网等公共基础设施的建设，也取得了一定的效果，但是要实现全面的村村通公路还有一定的距离，特别是在高寒山区。基本上到乡级公路都有保障，但是乡到村、村到组还存在硬化路，甚至土路，村民出行，特别是雨天出行很不方便。一位扶贫干部讲述他在农村的父母下田干农活，一天可能只有1～2个小时在农田劳动，其他时间都花在路上。不仅是出行受限，交通闭塞也直接影响着山区与外面世界的社会经济交往。

同时也缺少规模产业，限制地方发展。一个地区社会经济发展要具有持久性，必须有其特色支柱产业，但目前贫困县在这方面存在短板，财政收入主要来自中央财政的转移支付。目前大量劳动力外出打工短期内确实提高了家庭收入，但外出务工的工资收入不一定具有长期可持续性。只有产业发展才能带动地区繁荣发展，人民安居乐业。但这里的山区经济似乎仍然游离在市场经济之外，要么发展的是小作坊式家庭经济，零散无组织，要么形成产业规模如万亩茶园，但对外实现市场对接困难。在农村脱贫发展过程中，基层更多精力放在"短平快"的脱贫任务上，缺少区域发展的统筹规划与顶层设计。

（二）建议

全面脱贫是当前农村工作的首要任务，但长期来看它是农村发展的必经过程，是乡村振兴战略的基础保障。脱贫工作不应搞成短平快式应付任务，不应搞成数字脱贫表面繁荣，应从促民生、促发展的角度着眼，统筹规划农村脱贫与发展，建议加强顶层设计，加强公共服务建设，提高居民素质，激发家庭发展内生动力。

1. 加强顶层设计，统筹规划区域产业发展

市场经济环境下的区域发展既需要自由竞争，也需要统筹规划。哈尼族农村居民主要聚集在云南省的中南部地区，也需要统筹规划。以脱贫攻坚为契机的农村发展要具有可持续性，需要从省级、市州级层面，结合区县特点与优势，统一规划区域发展方向与重点，做到各有所长、优势互补。挖掘地方特色，突出区域独特性，因势利导合理发展各地优势产业，形成规模经济。

2. 加强基础设施，促进提高公共服务建设

在国家宏观脱贫政策的指导下，开展扶贫工作时要职责明确，各司其职，并适当开放政策的灵活性，给地方工作开展以适度变通性。脱贫攻坚进展到最后阶段，吸取前期工作中的经验与成效，当前政府脱贫工作的职能应向加强公共基础设施建设，加强公共服务方面调整，在道路交通、水电管网、卫生环境等方面为村民及贫困户营造一个良好的公共人居环境。同时基层扶贫工作人员可以享有适度的工作自由度，使用符合农村实际情况的工作方式方法，上级部门也要保护基层工作人员积极性，各级政府部门齐心协力为百姓脱贫提供和谐发展的空间。

3. 采取多种举措，全面提高农村居民素质

居民素质的提高是项长期工程，在整体居民素质极低的哈尼族地区更是势在必行。教育部门现行"控辍保学"措施对加强义务教育实施，减少农村义务教育辍学有一定效果，应继续加强。同时，还要鼓励义务教育后继续求学，加强在校生专业知识与技能培训。如此不仅可以增强学历教育，也可以使他们掌握更全面的专业知识与专业技能，提高在劳动力市场的竞争力。另外，对有劳动能力的非在校生加强技能培训，尽可能使他们掌握一技之长，不仅有助于他们的家庭脱贫，更有助于家庭的可持续发展。

4. 宣传教育并举，激发农村贫困户内生动力

脱贫过程中贫困户是主体，激发他们脱贫的内生动力是扶贫的一个着力点，但包办贫困户脱贫绝不是扶贫部门工作的义务，不然依然会延续"上面扶贫干部忙得热火朝天，下面老百姓冷水一样观望"。一方面扶贫工作要宣传政策，同时也要宣传外面世界的美好生活，让贫困群众了解世界、认识世界，产生创造美好生活的动力。另一方面发现并培养当地农村、乡镇的发展带头人，鼓励先富带后富。同时对通过自身努力脱贫的典型要大力表彰，广泛宣传，这不仅是对脱贫户的积极肯定，也是对未脱贫户的一种示范效应。对于贫困户中的老弱病残，政府需要兜底，但是对于钻政策漏洞，坚持"等靠要"的懒汉不能一味纵容，还是以宣传教育、鼓励引导为主。

第四章　A县哈尼族农村居民的脱贫之路

一、研究过程

2018年1月21日，课题组成员顾宝昌教授、毛京沭教授、徐铭东副教授、宗占红副教授、舒星宇博士、朱晓博士等一行6人抵达A县，于1月22日至24日在A县开展了一系列座谈会、个别访谈、参观、走访等调研工作。

2月22日上午，课题组召开了由A县党政11个职能部门分管或者具体负责扶贫工作的人员参加的集体座谈会，包括县教育、民政、住建、社保、农林、卫计、残联、妇联、公检法等部门，了解各职能部门在精准扶贫工作中的具体工作情况，已经取得的成绩和效果，并听取了他们对扶贫工作的建议和意见。当日下午，分别对A县分管扶贫工作的县长，县扶贫办主任进行了个别访谈，了解全县精准扶贫工作的现状、相关扶贫措施和规划，目前遇到的困难和问题等情况。

2月23日，课题组成员驱车两小时山路到位于山顶的LE乡，对乡党委书记、乡长、驻乡镇扶贫干部进行了个别访谈，了解该乡镇目前发展情况、精准扶贫工作情况和问题，同时对该乡HL村主任、村支书、县农机局驻村干部进行了个别访谈，了解村内贫困户情况和扶贫措施落实情况。课题组走访了村内2户贫困户、已脱贫户家庭，了解了他们的生活、生产情况。

2月24日，课题组成员对LY镇镇党委书记、镇长、驻乡镇扶贫干部进行了个别访谈，了解该乡镇目前发展情况、精准扶贫工作情况和问题，同时对镇驻地的LY村进行了走访，与村主任、村支书和驻村干部进行了个别访谈，访问了村内1户贫困户家庭和1户已脱贫家庭，了解了他们的生活、生产情况。访问了该镇希望小学，了解了当地因学致贫的情况和解决措施。

二、研究结果

(一) A县基本情况

A县位于云南省南部,A州西南部,地处A谷绿色经济走廊前沿,是H州对接玉溪市、普洱市的重要门户,是连接昆河高速、昆曼高速两条国际陆路大通道和滇中、滇西、滇东南三大经济圈的交通节点,是一个集边疆、民族、山区、贫困为一体的国家扶贫开发工作重点县。

A县全县面积2 028.5平方公里,县域地势中部高,南北两翼低,96%的面积均为山地,海拔落差从259米到2 746米。A县少数民族居民占96.2%,主要为哈尼族、彝族、傣族、瑶族等。哈尼族居民26.8万人,占全县居民的78.7%,为全国最大的哈尼族聚居县。A县自然资源和人文资源丰富,素有“华侨之乡、歌舞之乡、棕榈之乡”的美誉和“云端古城、梯田故里”的美称。

2016年,A县完成地区生产总值35.39亿元,增长12.5%;固定资产投资88.77亿元,增长24.8%;城镇和农村常住居民人均可支配收入分别达到26 157元、7 138元,分别增长9.3%、10.9%。2016年,完成地区生产总值35.39亿元,比2012年增长68.6%,年均增长13.9%。固定资产投资88.77亿元,比2012年增长4.4倍,年均增长52.1%。城镇常住居民人均可支配收入26 157元,比2012年增长61.1%,年均增长12.7%,农村常住居民人均可支配收入7 138元,比2012年增长1.3倍,年均增长23.2%。

(二) A县精准扶贫情况

1. A县贫困人口基本情况

A县作为国家级贫困县,经济基础薄弱,2017年9月被列为云南省27个深度贫困县之一。其中,LE乡、JC乡、CG乡、ZM乡、SC乡、AZ乡等6个乡镇被确定为深度贫困乡镇,涉及12个乡镇共60个行政村被确定为深度贫困村。经统计,已经确立的60个深度贫困村中,50户以上的自然村有356个。截至2016年,全县尚有贫困居民82 371人,占全县总居民的24.2%,占全州贫困居民的13.97%。经动态管理,2017年确定脱贫2 380户12 244人,年底未脱贫17 647户80 896人。以2017年国家贫困对象动态管理数据库抽样数据统计计算，截至2017年底A县统计有建档立卡贫困户26 426户，共124 971人，户均4.73人。A县排名前五位的致贫原因是缺技术(43.2%)、因病(22%)、缺劳力(10.3%)、内动力不足(10.3%)、因残(4.8%)。根据调查时A县扶贫办资料显示：A县贫困发生率为28%以上，其中缺少技术的34.3%，因病致贫33%，缺少劳动力9.9%，自身发展动力不足的8.6%，因残致贫4.2%，缺少土地3%，因学致贫4.2%。因此主要致贫原因是缺少技能和因病致贫。

2. A县精准扶贫情况

A县在精准扶贫过程中，认真贯彻落实习近平总书记扶贫攻坚战略思想，中央和省州党委政府关于脱贫攻坚的决策部署，紧紧围绕"两不愁、三保障"和精准脱贫工作要求，全力推进脱贫攻坚工作。具体做了以下几个方面的工作：

(1) 出台多项扶贫相关管理政策和措施。

A县把扶贫开发工作纳入县、乡党政班子和领导干部考核范畴，扶贫工作领导重视、保障有力。该县成立了党政领导班子和领导干部经济社会发展实绩考核领导工作小组，制定了详细的考核办法以及《A县2017年脱贫攻坚实施方案》《A县脱贫攻坚产业扶持办法》《A县革除陋习促脱贫实施意见》《A县建档立卡贫困户劳动力转移就业以奖代补办法》《A县易地搬迁工作整改方案》《A县"四类对象"农村危房改造实施方案》《A县健康扶贫30项措施实施方案》等二十多项落实政策指导性文件，着力将上级制定的政策细化分解到位，落实到位。在扶贫工作中，县乡、乡村、挂钩单位与贫困村组层层签订脱贫工作目标责任书，全力推进脱贫攻坚工作。

2017年，A县派出了71支驻村扶贫工作队，选派了444名驻村扶贫工作队员(含大学生村官)，覆盖全县13个乡镇，具体开展当地乡村扶贫工作。同时，县党委政府班子成员也挂联1个乡镇，对各乡镇的脱贫攻坚工作进行督促指导。

(2) 严格进行贫困对象动态管理。

精准扶贫工作中的重要举措，就是对贫困对象进行动态管理，将贫困对象进行精确识别，以达到精准帮扶的目的。A县在2017年6—8月的贫困对象动态管理中，从上到下，通过多次反复认真核对，拟正常退出1 237户6 196人，识别不精准剔除1 400户5 008人，2014至2016年脱贫返贫910

户 4 154 人，新识别纳入建档立卡贫困户 3 029 户 14 074 人，8 月底全县共有档内贫困户 19 029 户 87 321 人，贫困发生率为 28.39%。经新识别、返贫，与 2016 年底数据相比较，共增加贫困对象 3 354 户 19 576 人。

(3) 采取多方面扶贫措施。

A 县为了解决当地贫困对象面广量大的问题，始终聚焦于关系贫困对象生存和发展的问题，想方设法采取多方面措施使他们能够达到“两不愁、三保障”，在增加贫困对象收入、保障他们的衣食住行和教育、医疗方面采取了以下做法：

① 对贫困对象实施产业扶贫到户。面对建档立卡贫困户靠自身难以发展产业的难题，A 县采取“菜单式”扶贫和“订单式”发展方式，充分发挥合作社“统一组织、统一管理、统一销售”的平台作用，通过积极引导贫困户以土地出租、土地入股、扶持资金入股、就地务工等方式获得更多收益。目前，全县已成立农民专业合作社 261 个。对贫困户进行“到村到户到人”式的产业帮扶措施，按户均 2 000 元的标准，实行一次性全额扶持，根据群众意愿使得所有贫困户均能参与 1～2 项帮扶项目。这些扶贫项目涉及养殖业(猪、牛、羊、家禽、渔业养殖)和林果种植等，并且结合哈尼族梯田生产发展了“水稻＋泥鳅/鱼”的“种植＋养殖”项目模式。2016 年，由政府对建档立卡贫困户户均补助产业扶持资金 2 000 元，并结合产业发展实际，帮助协调扶贫小额信贷 5 万元。2016 年全县累计发放扶贫小额信贷 5 585.89 万元，惠及农户 1 259 户 5 036 人。截至 2017 年，全县已完成“菜单式”产业扶持 5 596 户、已兑现 1 033.3 万元。全县累计发放扶贫小额信贷 7 370.4 万元，覆盖建档立卡贫困户 1 610 户 7 245 人。

② 对贫困对象实施住房保障帮扶。根据国家和云南省要求，A 县聘请第三方中介机构对全县建档立卡贫困户住房等级进行了评定，并由住建部门最终审定贫困户住房等级情况。通过易地扶贫搬迁项目及农村危房改造项目，解决贫困户面临的住房安全问题。2017 年，A 县 2 500 户 C、D 级危房改造指标中，C 级危房改造已全部完工，并且开工建设两个易地扶贫搬迁安置点，涉及建档立卡户 232 户 1 000 人。

③ 对贫困对象实施教育扶贫措施。A 县为了解决“因学致/返贫”的问题，针对不同对象，采取了不同做法：对建档立卡户学前教育在校子女每人

每年补助150元。免除建档立卡户小学和初中在校子女的学杂费，同时给予每人每天营养餐补助，对于在校寄宿的学生还给予了生活补助。减免建档立卡户高中或中职在校子女的学费，同时为成绩优异学生提供了助学金。为考上大学的建档立卡户子女办理生源地贷款。LY乡有一户农村居民，家里有两个考上大学的孩子，一个本科、一个专科，因此学费、生活费花费比较多，成为贫困户。为了解决他们的困难，孩子所在学校给予了特困补助，镇政府一次性奖励考上二本院校的学生每人500元，一本院校的每人1 000元，除此以外县团委有"圆梦助学金"，还有各种社会资金对其进行帮助。

④ 对贫困对象实施健康扶贫措施。A县为了解决"因病致/返贫"的问题，采取了以下措施。首先，加快推进医疗卫生基础设施建设，针对贫困村卫生室不达标问题，筹措下拨资金进行重建及改建。其次，全面完成了所有建档立卡户的基本医疗及大病保险参保工作，提高了建档立卡户在各级医疗机构住院报销的比例，其中在乡镇卫生院住院费用的报销比例为95%，在县级医院住院的费用报销比例为85%，在省、州级医院住院费用的报销比例为70%。第三，对那些符合转诊、转院规定，但是住院治疗的医疗费用仍然超过县农村居民人均可支配收入的部分，由县政府兜底保障。第四，成立了大病救治专家组，推进了全县大病筛查工作，力求"筛查出一户先救治一户"。最后，县内所有定点医疗机构均开通绿色通道、一站式服务窗口，实行县域内先诊疗后付费。

⑤ 对贫困对象实施转移就业措施。为了让贫困对象增加家庭收入，A县一方面出台政策激励贫困对象走出乡村，外出务工，比如A县对那些通过转移就业当年实现脱贫的建档立卡贫困户每户奖励500元，除此以外还对在不同地域范围内进行转移就业的贫困对象进行交通费补助，比如县域内的转移就业每人补助150元，县外省内转移的补助300元，省外转移的补助500元。另外一方面，加强了贫困对象转移就业的集中化和实名制管理，精确掌握城乡劳动力转移就业动态，对每个劳动力的就业情况、从业状况、技能水平、培训需求等进行登记造册，建立实名制登记台账，做到"一村一册、一乡一柜、一县一库"，使过去的自发性劳务输出转化为有序、规范的劳务输出。

3. A县精准扶贫效果

通过一系列针对贫困对象的精准扶贫举措，目前A县精准扶贫在解决贫困居民的脱贫问题和贫困村的脱贫问题两个方面取得了以下效果：

(1) 解决贫困居民的脱贫问题。

贫困居民的脱贫问题主要集中于解决其温饱问题的“两不愁和三保障”方面，其中“两不愁”，A县通过推进产业扶持、劳动力转移就业、社会保障及饮水工程等措施，2015年减少贫困居民17 171人，减贫率17.25%，2016年减少贫困居民15 600，减贫率18.93%，贫困发生率下降了5.19%(详见表4-1)。2017年全年确定脱贫的2 380户12 244人能达到不愁吃、不愁穿，饮水有保障。2017年全年，共开展就业培训25 538人次，其中贫困户11 936人次，引导富余劳动力转移就业增收，各乡镇建立了劳务输出服务站，实现88个村委会劳务经纪人全覆盖，发展劳务输出公司6家，转移农村劳动力就业8.82万人次，其中建档立卡户转移就业18 664人，占有劳动能力贫困居民总数的40.6%，确定脱贫的12 244人的收入水平稳定超过3 200元的标准，同时这些群众通过2016年的易地扶贫搬迁及农村C、D级危房改造项目，实现住房达到安全稳固的标准，其中1 155户建档立卡户全部入住异地扶贫搬迁安置点，完成建档立卡户入住率100%。

表4-1　A县精准扶贫效果

年份	退出贫困村数量/个	退出户数/户	减贫居民/人	减贫率/%	贫困发生率/%
2015	0	4 837	17 171	17.25	27.43
2016	10	3 516	15 600	18.93	22.24

“三保障”方面，A县目前的预脱贫户中无义务教育阶段辍学人员，初中以上无因贫辍学人员，预脱贫户中收入扣除教育支出后能达到退出标准。LY村委会小学入学率99.69%，初中入学率99.27%，RR村委会小学入学率99.53%，初中入学率99.06%，且建档立卡户家庭子女无义务教育阶段辍学情况，同时，对基础条件差的学校进行改造，不适宜办学的学校进行搬迁重建，如图4-1所示的LN乡新建的中学。该县所有建档立卡贫困居民已全面完成基本医疗及大病保险参保工作，其家庭医生签约率达100%，历史脱贫居民签约率达100%，并且已完成78.95%的大病救治工作。A县已经投入资金510万元用于贫困村卫生室的达标建设，预计2018年3月以前能够全部投入使用。确定脱贫的12 244人中无符合参保人员未参保。

图 4-1　LN 乡中学

(2) 解决贫困村的脱贫问题。

2017 年,A 县计划出列 2 个贫困村,贫困发生率均能降到 3%以内。为了解决乡村道路交通问题,A 县实施了“硬化到村”工程,县行政村到乡镇道路已于“十二五”期间完成硬化,且通过“六小”工程实现了危险路段有防护。计划出列的 2 个贫困村及所辖自然村,已全面实现通动力电,达到退出标准。通过“村村响户户通”工程,2 个计划出列的贫困村及所辖自然村广播电视覆盖率达 99%以上,达到退出标准。这 2 个贫困村村委会、卫生室已实现通网络宽带,部分行政村所辖自然村实现网络宽带覆盖,其所辖 21 个自然村中,18 个自然村已通自来水,其余 3 个自然村人力取水半径不超过 1 公里,且水源有保障。2 个计划出列的贫困村都建有卫生室,而且都达到诊断室、治疗室、药房三室分设的标准,共配备乡村医生 10 名,已经达到标准。计划脱贫出列的 LY 镇 LY 村通过对外出租空闲办公用房之后集体经济收入达 2.1 万元;LY 镇 RR 村通过出租集体土地收入 2.06 万元、出租茶厂收入 0.15 万元,共 2.21 万元,增加了集体收入,达到了脱贫标准。

(三) A 县哈尼族农村居民综合发展情况

1. 生产情况

由于 A 县哈尼族农村居民绝大多数居住于山地、半山地地区,生产力水平相对低下,主要经济生产以粮食种植业为主,原始、传统农业十分普遍。哈尼族几千年来都有在大山的脊梁上种植梯田的传统,大多数哈尼族农村居民因地制宜地改坡地为梯田,改旱地为水田,以种植水稻为主,但是人均耕地面积相对较少,且耕作难度大,粮食产量较低。新一代的年轻农村居民宁愿放弃“一亩三分地”的生活,外出务工挣钱。留守在村庄的中老年劳动力,也因为梯田的日常维护非常耗时费力,而不能够勤加维护,导致梯田被“撂荒”或者改成了更方便管理的“旱地”。

针对此种情况,A 县利用哈尼梯田“世界文化遗产”、全球重要农业文化遗产品牌和马帮侨乡文化资源,推进以撒玛坝哈尼梯田景区和迤萨马帮侨乡古城景区为核心的旅游开发,引导贫困户主动融入旅游产业发展,发展旅行社 1 家,农家乐 80 家,乡村客栈 75 家,特色民宿 1 家,全县共有床位 4 207 张,餐位 9 900 人。组建乡村旅游合作社 3 家,辖会员 36 户,直接解决就业岗位 83 个,带动 112 户从事旅游配套产业,直接拉动 300 余名、间接拉动 800 余名贫困居民脱贫。

另外一方面,A 县积极动员和组织社会力量,提高梯田农业生产效率和农产品附加值。2017 年,以 LY 镇 NM 村为试点,成立了 A 县木美云田种植专业合作社,目前发展社员 88 户 683 亩,其中建档立卡户 28 户,合作社通过腾讯企鹅优品、善品公社微商城等平台对 A 梯田红米公益宣传和启动预售。通过电商营销,有效交易额达 103 万多元,稻谷交易量达 150 048 斤,成米交易量达 92 158 斤,订单分布浙江、北京、广东、上海、江苏,综合满意度达 96%;互联网传播量达 1 亿人次,互联网视频传播量达 1 000 万,媒体报道 50 家;合作社社员新鲜谷子增收 0.6 元/斤,社区内部非社员新鲜谷子增收 0.5 元/斤,区域内种植农户新鲜谷子增收 0.4 元/斤,NM 村范围内 2017 年新鲜蚂蚱谷已经售罄。此做法扩大了该县特色农产品的销售渠道,提高了市场认可度,是值得进一步全县推广的经验。

A 县围绕哈尼梯田保护与脱贫攻坚“双赢”目标,以 ML 村党总支为核心,以合作社为依托,以市场需求为导向,以土地入股为基础,通过由云南中海渔业有限公司引进了适应性强、不钻泥土的台湾泥鳅种苗,建设勐龙村泥鳅养殖“稻渔共作”示范基地,发展出了“稻渔共作”“稻渔鸭”种养模式。这种模式作为一种稻、泥鳅、鱼、鸭互补共生的农业循环系统,为哈尼族农村居民带来了经济效益，提高了农产品附加值，也改善了梯田的生态环境，扩大了社会影响，并且为全县规模化发展打下了良好基础。

2. 教育情况

此次调查发现，A哈尼族农村居民普遍文化素质比较低，接收信息相对较少，他们的观念虽然在新时代的影响下有所转变，但是由于长期的贫困生活，依然存在着不重视教育，甚至“读书无用论”的观点。

比如，有被调查对象说：“待在本地没有出去打工见过世面的哈尼族孩子，本地汉语都不会听，但是到外地出去打工的，普通话都会听会说了。”“哈尼族群众的生活标准低，吃饱了就行，对孩子的教育也不关注。出去打工的人见了世面，还是有所改变的。”

也有被调查对象说：“以前哈尼族的女孩子都不读书，现在改变很多了，家里面也让女孩子读书了。但是对男孩子读书要求没有那么严格，家里要娇惯得多，重男轻女的观点很严重。”“有些父母和孩子看到别人打工可以挣钱，觉得读书也没用，以后毕业了还是要靠打工挣钱，就更不上学了，因此早早辍学的也有”。有扶贫干部反映，“扶贫工作要求在贫困乡村的适龄儿童不能有辍学的，因此控辍保学任务比较重”。

也有被调查对象反映，不读书的原因并不是不想读书，而是因为经济因素的限制，比如调查中了解到哈龙村有些孩子考上了高中，但是因为家里没有钱就不去上了，这样的现象并不是个案，“还是多的”，因为这些孩子“在本乡镇读初中吃住是免费的，就好一点，但是读高中得到县上，读书花费多一点就不行了”。“为什么小孩不喜欢上学，是因为读书以后还要自己找工作，而且就业压力大，上学要分流家庭很多资金，资金上不划算。”

3. 医疗方面

A县地处边疆，群众文化水平低，健康意识也有待进一步提高。此次调查发现，很多哈尼族农村居民对很多健康扶贫的政策不了解，比如目前A县住院报销比例有所提高，但是很多群众并不知晓报销政策的调整，因此患病就医意识不足。

A县有2 674人是建档立卡的残疾人，残联的同志反映：“在解决因残致贫问题上，目前遇到的最大问题是很多残疾人是先天致残的，他们等靠要得比较多。那些后天致残的贫困对象则是需要心理疏导的比较多。

残疾人办证率也很低，怕被人歧视，这样也没有办法及时给予各种帮扶措施。”目前，县里没有针对残疾人进行职业技能培训的专门机构，所以也就没有办法开展专项培训，而到外地培训又面临交通、生活照顾等问题。同时，残疾人普遍文化程度比较低，读书的少，而企业招聘残疾人的岗位又很少。

4. 外出务工情况

A县在精准扶贫过程中，积极动员贫困对象进行劳动力转移，外出务工创收。全县劳动力有17万多人，占总居民的55%左右，2017年劳动力转移9.5万多人，贫困劳动力中外出打工的有4.5万人。

此次调查的LN乡常年在外务工的6 000多人，包括到上海、长三角地区务工的人很多，有些甚至到国外务工。但是据反映，“出去打工的男的大多是建筑行业，女的是餐饮服务业，都还是比较低端的”。

LY乡农村年轻人外出打工的也很多，全乡27 163人中有11 000在外打工，6 800多人在县外打工，主要集中在浙江的一些工厂。外出打工，不但成为哈尼族农村居民家庭创收的一项主要活动，使得生活状况大大改善，同时借助于外出打工也开阔了眼界，改变了思想观念。比如，LY乡有两夫妻一起外出打工多年，积攒了10多万存款。他们最终考虑到不能在外打工一辈子不回家乡，最终拿着存款回乡创业，开办了养猪场，成为当地致富能手，还带动了当地群众脱贫致富。还有村民在外地的修理厂打工，学了焊接工艺，回到家乡后自己开办了一个电焊门面。因为现在农村修房子的家庭很多，即使是一个非常简陋的焊接门窗的小店，一个月也有4 000～5 000元的收入。LY乡乡长说，“回乡创业的人越来越多了，说明劳务输出很重要”。目前，LY乡从江苏引进了苏州圣源复集团、华宝通信有限公司、裕同集团、昆山联滔科技有限公司、科森有限股份公司等几个企业到当地招工（如图4-2所示），工时费14元/小时，并且食宿免费，这样出去打工的村民每个月能够收入3 500～4 500元，成为脱贫致富的有效途径。

图 4－2　LY 乡引进招工企业情况

三、A县哈尼族农村居民综合发展影响机制分析

(一) 自然环境制约

A县境内地势大致中部高，南北低，96%的面积为山地，以2016年数据计算，当时A县全县有34.6万人，共有耕地总面积24.22万亩，其中：水田10.43万亩，旱地13.79万亩，人均耕地面积只有0.7亩。因此，可耕种土地面积十分有限，人地矛盾相对突出。

另外一个方面，A县属于亚热带季风气候类型，立体气候十分明显，有“一山分四季，十里不同天”之说，因此从低海拔的红河谷热区，经过1 200～1 800米的中半山区，到达海拔1 800米以上高寒山区，立体分布范围广泛，生态环境迥异，因此种植农产品品种有限，农业附加值不高。

以上两个方面的原因，导致A县受自然环境的制约，长期难以形成集约化、规模化农业产业，但是与此同时也应当看到当地自然环境和生态环境保护得非常好，是难得的“山清水秀”的地方。

(二) 群众内生动力不足

哈尼族群众长期生活自给自足，生活环境相对闭塞，加之文化程度不高，因此有部分群众存在“饿不死，能解决温饱就行”，日子得过且过，长期没有希望，就失去期望，缺乏脱贫致富的积极性。他们自我发展的意识不强，对政府引导和提供支持的产业发展项目，参与度和意愿不高，自力更生、脱贫致富的主观意愿不强。

LN乡乡镇干部认为，“目前老百姓脱贫真正需要的是素质的提高，有致富的能力。政府的公共服务可以提供，但是老百姓还未达到真正的脱贫。真正需要的还是加强教育，提高素质”。“环境卫生脏乱差，很多群众是被动脱贫，等靠要的思想严重，其中有些人是没有生活压力，自我满足，幸福感高，长期生活适应的结果。只有出去打工，才可能改变。”LY乡乡镇干部认为，“有些群众自身发展动力不足和好吃懒做是不同的，他们也在勤劳种地，但是做不好；也在养猪但是养不好；天天也早出晚归，但是就是不见效……”“LY乡目前的困难是，想出去的早都出去了，现在剩下的是有惰性的一批，他们就是不愿意出去打工。我们明天要开动员会，挨家挨户动员他们出去

打工。”在调查过程中，还有部门的同志反映，“不同的群众挂靠的单位是不一样的，逢年过节得到的慰问品不一样，所以老百姓也有比较，如果发现别人得到了这个慰问品而他没有，他就不高兴了，有依靠干部的思想”。有调查对象反映：“我感觉开展精准扶贫以后上访的多了，一些没有评上贫困户的上访的多，因为村里面的大多数人生活都差不多，明显差别不多，主要是在村里民主评议的时候人缘因素起作用，人缘不好的也评不上。所以享受不了的就喜欢上访。”

当然，随着时代的发展，如果说哈尼族群众不想脱贫，或者不愿意过上更好的生活，那是不正确的、也是不客观的。只是由于缺乏信息、技术、资源、能力，他们可能产生了“等靠要”的思想，没有主动意识去脱贫。比如那些没有出去外面打工的人，生活标准低，因此认为生活还不错，但是前文所提到的那些打工归乡创业的哈尼族群众却发生了截然不同的变化，说明观念的转变是非常重要的。

（三）基础设施薄弱

A县地处横断山系峡谷地区，特殊的地形造成了全县大多数村庄和集镇远离县城和内地，交通不便、信息闭塞、基础设施脆弱。虽然在2014年实现农村电网改造全覆盖，广播电视全覆盖；2016年实现广播电视村村通、建制村道路硬化、农村饮水工程、4G网络和有线网络覆盖率100%，但与内地发达地方比较，还存在通畅度不高，效率不强的问题。

比如，A县在完成行政村硬化的基础上，全力推进50户以上自然村通硬化路建设，历年来共硬化完成164个村，尚有511个自然村未硬化。由于资金短缺，养护条件不足，2017年1月至10月，全县农村公路水毁坍方358 550立方米/2 280处，水毁路基（需设挡土墙）92 500立方米/784处，水毁路基路面3公里及涵洞65道尚未全部修缮完毕。

另外，村内道路硬化、公共活动场所、垃圾处理设施等基础设施建设不足，村庄环境卫生、村容村貌与发达地区还存在着明显差距，这些基础设施方面的短板，都严重制约群众发展生产摆脱贫困。

（四）信息网络不畅

A县地处我国西南山区，经济发展滞后，全县规模工业几乎没有。由于信息不通和交通不便，该县农业产品的销售成为大问题，没有走出去融入市场。县扶贫办同志介绍，“目前农产品，尤其是梯田红稻米质量还行，但是产量低不成量，销路也不行。去年从供销社组织了一个电商平台，但是销路还是不好”。此次调查也发现，A县梯田红米产品特点突出、品质基础良好，但是在互联网和电商平台上的知名度、认可度不高，总体属于品牌培育的起步初期。

四、研究发现的问题

（一）健康扶贫方面

A县贫困居民致贫原因分析排名第二位的是因病致贫，因此在健康扶贫方面任重道远。目前，A县在健康扶贫方面面临的主要困难和问题是医技人员比较紧缺，且服务水平和服务能力达不到相关标准。当地卫健部门的工作人员反映，“目前基层卫健工作人员工作压力很大，乡、村两级主要做脱贫攻坚和公共卫生的工作，任务很重。虽然建档立卡户家庭医生入户签约率达到100%，但是户数多、人数多，而我们的工作人员太少，成为健康扶贫的短板。另外一方面，基层医技人员毕业工作后很少参加专业培训，因为参加培训后当地工作就没有人顶上，因此导致服务水平跟不上，也提高不了”。

（二）住房保障方面

住房保障方面，该县在尚未脱贫的贫困居民中，仍有住危房户12 057户54 705人，但是现有危房改造政策与群众需求之间存在需要解决的矛盾和问题，影响了居民参与危房改造的意愿。

据了解，现有的危房改造政策为确保不增加贫困户负担，严格限制了建筑面积，比如要求“家庭成员4个人的居民户，居住房屋建筑面积不能超过18平方米”。然而当地农村居民的传统习俗，儿媳妇和老公公是不能住在隔壁的，因此为了解决这个问题，只能修建二至三层的楼房。但是这样一来，原本农村居民的家庭需要的宽阔的庭院、方便存放农业生产工具的房间和仓库、库房等需求就可能得不到满足，因此在上级危房改造政策出台之前的危房改造工作已出现超面积重建的问题。

除此以外，调查中还了解到部分C级危房户想利用此次改扩建项目，将原有老旧房屋拆除重建，但是由于C级危房只能加固，因此群众有不满情绪。还有的群众以前享受过2 000元安居工程的补助，但是现在其住房也被定为C、D级危房户，却因此不能享受危房改造政策，也极大地影响了群众对政府执行脱贫攻坚政策的满意度。

（三）基础设施建设方面

如前文所提及，A县基础设施不完善，交通地理位置受限，是制约当地哈尼族农村居民发展的主要因素之一。因此近年来，云南省、A州、A县都加大了基础设施建设方面的投入。比如，云南省高速公路规划新修一条高速公路经过A县，能够极大缓解当地山高路远，交通不便，距离其他地市相对较远的问题，也能够方便当地农村居民外出和农产品的转运。但是，这条已经在修建的高速公路距离A县政府所在的YS镇比较近，而A县的13个乡镇中有10个左右都在高寒山区，实际能够有效利用这条公路的机会较少。有被调查对象说："其实以前路不好，主要时间都浪费在路上了，地里干活只要两三个小时。以后的交通改善，也只能惠及县城及周边的一个乡镇，其他的乡镇都比较远。"

近年来，A县加大了县、乡、村级道路基础设施建设，2017年的乡村道路建设工程中，已经把水泥路通到了行政村，90%的自然村也基本通了路，但是受地质因素和环境气候因素的制约，路基容易坏，尤其是高寒山区的道路安全风险较高，道路养护困难，路况依然很差。有群众反映，"老百姓想修房子，但是路进不去，修不了"。还有群众认为，"路是修到村里了，但是下地干活还是要肩背马驮，干一趟农活往返需要半天的时间，实在不方便"。

（四）继续发展能力不足

根据现阶段扶贫攻坚的目标，精准扶贫工作主要以"两不愁、三保障"作为主要脱贫的依据，但是这种脱贫的结果只是使群众解决了温饱问题，群众依然缺乏继续发展的能力，因此距离全面小康的目标实现还有很大的差距。例如在LN乡的调查中，有基层干部反映，"我们现在给老百姓进行了技术培训，但是还是没能见到效果。已经采取的各种扶贫措施，只是解决了他们的吃穿用的基本需求，对于钱袋子的增收还是没有什么效果"。

群众缺乏继续发展的能力，主要是由于当地具有龙头带动性作用的工业产业尚未成型。有关资料显示，A 全县从事二产生产经营活动的市场主体仅有 139 家，规模以上工业企业仅有 8 家，产业还没有形成链条，延伸性、抗风险性不强；散、小、弱的格局尚未根本改变，市场从事第三产业活动的市场经营主体只有 370 家。因此，贫困户的继续发展得不到产业发展的支撑，也不能有效帮助其增效增收，这一点在和 C 县的调查结果对比中比较明显。有调查对象说，“村与村之间居住分散，水果、茶叶都没有更好地整合起来，所以要达到人均 3 200 元的脱贫标准，还是困难的”。

五、研究建议

调研过程中，研究组使用德尔菲法收集和了解了该县政府各部门扶贫干部对于扶贫攻坚工作的看法，调查结果显示大家一致认为以下 5 件事情是 A 县扶贫攻坚工作中最急需解决的 5 件事情，即：道路建设和基础设施建设；增加教育、医疗方面的投入；增加劳务输出；消除危房，提高人居环境；产业建设。以上看法，也基本和调查组对增强 A 县哈尼族农村居民综合发展能力的意见和建议相吻合，具体包括以下几个方面：

（一）加强基础设施建设

首先，建议加大深度贫困地区道路交通项目投入力度和建设力度，积极争取国家和省级贷款项目，完善县、乡、村三级道路的改建、扩建和道路硬化工作，在道路建设过程中，特别要注重质量及道路两侧的山体防滑坡的加固，以避免增加维护成本及雨季的山体滑坡影响道路畅通。其次，适当纳入一定数量的、符合要求的当地贫困居民，借助森林防火员、地质灾害检测员等类似的聘用方式，一方面实现所有道路都有专人养护，另外一方面也能够以务工的形式提高群众收入。最后，建议适时考虑开展田间机耕路等农业基础设施项目，方便山区群众从事农业生产，增加群众土地的附加值。

（二）扩大健康扶贫效果

健康扶贫方面，主要针对目前哈尼族农村居民的健康意识薄弱，应加强对居民健康素养的培养，加大宣传力度，提高他们的健康意识和患病就医意愿。针对基层卫健工作人员人员不足，技术力量有限的问题，应当加强基层卫健服务人员的技术培训，采取轮流转岗的办法，选派上级经验丰富的卫健技术人员到基层进行健康扶贫，同时以“传帮带”的方式，提高基层服务人员的专业素质和生活待遇，切实提高深度贫困地区县级医院医疗技术水平，让贫困群众小病不出村，大病不出县，减轻群众负担。建议先培养乡镇急需的专科医技人才，然后短中期培养县级医技人才。卫健部门应当联合民政、财政、社会保障部门，做到大病专项救治、慢病签约服务、重病集中兜底。

（三）增加劳务输出

哈尼族农村居民务农增收潜力有限，外出务工成为当地农村居民脱贫致富的主要途径，通过外出务工，能够使他们增加收入、开拓眼光、提高技术、落实收入。有扶贫干部反映：“劳务输出是解决贫困问题的主要出路，这两年我们通过对外出务工人员补助路费，已经取得了比较明显的成效，老百姓出去打工的多了，老百姓的基本收入靠劳务输出。初步统计A县有8～9万人在外打工，是最见成效的产业。”

但是，A县外出务工人员在外地从事的工作，绝大多数以体力劳动为主，很少有人能够从事技术工种，因此收入偏低，他们在外地适应性不良，持续工作的动力不强，返乡继续发展能力不足。

因此，建议由政府和社会团体组织当地农村居民进行基础职业培训，提高劳动力素质。可以和已经引进的东部地区企业合作，在他们外出之前进行先期培训，作为劳动力储备；也可以和当地及周边地区的职业或高职院校合作，开展针对外出务工人员的职业技能培训。同时，对A县县域范围内的外出务工人员进行系统化、有组织的管理，从招工开始，到培训、外出、上岗、后续管理等一系列工作，政府应当和企业进行有序对接，对当地的劳务输出提供保障，并且想方设法提高外输劳务的职业层次，提高他们的收入水平。

（四）改善居民居住环境

针对前文所提到的老百姓在危房改造项目当中出现的一些不满意的现象和实际需要，建议A县在实际调查的前提下，通过积极争取国家、云南省和A州的相关政策和资金支持，对那些确实想拆除重建且实际有能力拆除重建的C级危房户给予享受D级危房拆除重建的优惠政策。给予那些D

级危房拆除重建的居民，更加宽松的住房面积标准，以便解决他们粮食存贮、农机具摆放等问题。给予那些以前享受过 2 000 元安居工程补助，但是现在其住房也被定为 C、D 级危房户重新认定的机会，能够继续享受 C、D 级危房改造政策。通过以上措施，能够提高群众对扶贫政策和工作的满意度，解决一些群众因此上访的问题。

同时，积极引导村民提高保护乡村居住环境的意识，通过相关项目建设改善农村居民村居环境，妥善进行垃圾处理和废水处理。积极给予政策和资金扶持，进行厕所革命，改变村居环境脏、乱、差的景象。

对于那些确实因为地质因素和生态环境因素，不适合居住的村庄，积极动员居民进行异地搬迁安置，同时和老百姓积极协商，以参与的方式了解农村居民对异地搬迁安置点的选址、规划和建设需求。

（五）增加扶贫产业项目落地

调查过程中，很多参与扶贫工作的同志都认为，解决当地老百姓贫困问题最重要的是要做到产业发展。目前 A 县的工业方面，重工业和轻工业都没有，农业方面的传统工厂有几家，但是规模都不大。全县没有龙头企业，也没有形成较大规模的产业，农村居民的致富发展能力有限。

因此，建议 A 县积极扩大招商引资的途径，通过提供优惠土地和税收政策，引进东部、中部地区的规模企业。通过产业建设发展出一批龙头企业，能够带动发展形成当地特色产业，带动贫困户增收脱贫，提高他们的继续发展能力。

（六）扩大农产品销售渠道

目前，A 县正在进行的一些农业产业项目，比如梯田红米和稻田鸭、热谷特色林果刚刚取得了一些初步成效，但是农业产品的销路以及其就地包装和储藏外运成为亟待解决的关键性问题。

建议 A 县依托优质互联网平台、电商渠道推广自身特色农产品，打开销售渠道。对农村居民进行农产品的初级加工、包装、运输规范培训，提高农产品的外在形象。依托第三方物流公司，快速、安全、有效完成农产品的物流配送。建议 A 县在当地兴建农产品贮藏、加工企业，提高农产品的附加值。

第五章　B 县哈尼族农村居民的脱贫之路

一、研究过程

课题组 2018 年 1 月 24 日下午离开 A 县，傍晚在 C 县境内一分为二，一支 4 人小组（南京邮电大学毛京沭教授、徐铭东副教授、宗占红副教授 3 人，A 县党校领导 1 人）夜晚到达 B 县哈尼族自治县（以下简称“B 县”）。

1 月 25 日上午在县政府 3 楼会议室召开县级相关部门领导座谈会，参会人员有县教育、民政、住建、社保、农林、卫计、残联、妇联、公检法等职能部门分管扶贫工作的领导或者具体负责扶贫工作的干部，座谈会最后采用专家调查法（德尔菲法）对“B 县扶贫攻坚最应当抓紧的工作”进行了调查。下午先访问了县扶贫办，同县扶贫办主任进行了进一步交流。原计划的访谈对象县分管领导未能接受访问，调查组利用剩余时间在县城进行了实地观察，对县城的规模、环境、商贸活动等方面的状况有了直观认识。

1 月 26 日访问了该县经济情况较好的乡镇也是县政府所在地 LZ 镇，下午访问了该乡镇发展最好的村快发村和较差的 BX 村。1 月 27 日访问了该县经济情况较差乡镇 NH 乡，下午访问了该乡镇 NH 村。在两镇均与镇党委书记、镇长、驻镇扶贫干部（专干）进行了座谈，入村均同村支书、村主任、驻村扶贫干部，贫困户代表、脱贫户代表、非贫困户代表进行了座谈。途中还入户访问了贫困户、脱贫户、非贫困户几家，参观了乡镇和村的公共设施。

二、研究结果

（一）B 县基本情况

1. 社会经济情况

B 县在云南省南部，隶属于 P 市，地处 P 市、A 州和 Y 市三州市交界处。辖 12 镇 3 乡、168 个村委会(含 5 个社区)。县人民政府驻地 LZ 镇,北距省会昆明市 267 公里,西南距 P 市政府驻地 SM 区 160 公里。

因是全国唯一的哈尼族自治县得名“哈尼之乡”,因北回归线穿县城而过得名“回归之城”,因双胞胎比率高得名“双胞之家”。

B 县是从昆明通往普洱、西双版纳以及东南亚国家的交通节点,在历史上是茶马古道的重要驿站,现今昆(明)曼(谷)国际大通道(国内为国道 G213 线,也是泛亚公路 3 号线 AH3 的一段)和省道 214 线从县城交汇而过,正在建设中的泛亚铁路中线玉(溪)磨(憨)铁路将在 B 县设站。现在 B 县正在打造交通经济。

据 2010 年居民普查,B 县总居民为 36.05 万人,与 2000 年的 36.00 万相比几乎没有变化。平均每个家庭户的居民为 4.02 人,总居民男女性别比为 116.26∶100,城镇常住居民占 23.63%。2016 年末常住居民 36.89 万人,城镇化率为 33.86%,农村户籍居民 30.48 多万人。

云南省是中国少数民族八省区之一,少数民族居民总量仅次于广西壮族自治区。哈尼族是云南省居民数量第二多的少数民族,仅次于彝族。B 县是一个以哈尼族为主体的多民族聚居县。2010 年,B 县少数民族占总居民的 75.21%,哈尼族占总居民的 61.63%,居民较多的少数民族还有彝族(9.33%)、傣族(1.43%)、拉祜族(1.19%)、布朗族(0.98%)。B 县 22.2 万哈尼族居民占全国 166.1 万哈尼族居民的 13.4%。B 县哈尼族居民比重 2010 年比 2000 年(58.5%)提高了 3 个百分点,说明哈尼族居民增长快于全县总居民的增长。2000—2010 年间,B 县哈尼族居民增加 1.16 万人,而其他民族居民合计减少 1.11 万。哈尼族也是 2000—2010 年间全国和云南省居民增长相对较快的少数民族之一。哈尼族内部支系繁多,在 B 县境内,哈尼族有卡多、碧约、毫尼、白宏、哦怒、阿木、腊迷、切弟、卡别、糯比、哈乌等 11 个支系。在历史上的迁徙过程中,随着地缘、区域和自然环境的不断变化,加之原住民的社会生产、经济生活等因素的影响以及各自相对封闭,各哈尼支系在语言、耕作、家居等方面形成各自的特色。

初步核算,2017 年全县完成生产总值 622 858 万元,同比增长 10.5%,增速与 P 市平均水平持平,分别高于全国、全省 3.6 和 1.0 个百分点。第一、二、三产业对经济增长的贡献率分别为 16.1%、37.2%、46.6%。主要是资源型产业，高度依赖自然资源。

2. 自然环境和自然资源

全县地域东西窄、南北长，东西最宽横距76公里，南北最大纵距136公里，总面积5 312平方公里。

B县地处云贵高原西南边缘，是典型的山区县，山区面积为总面积的99.8%，坡度小于8度的坝区仅占0.02%，全县仅县城驻地有一大于3平方公里的小坝子。境内山脉属哀牢山脉中段山系，最高峰为县境北LZ镇BX村大尖山，海拔2 279米；海拔最低点为县境南部榄皮河墨江汇入李仙江处，海拔478.5米。

境内河流属红河水系，主要河流有把边、阿墨、泗南三江，他郎、布竜、坝卡、那卡、杩木五河，还有上千条支流小溪。B县即以纵贯县境的墨江得名。

境内三分之二土地处于北回归线以南，太阳辐射强烈，光热资源丰富，全县年平均日照时数为2 161.2小时，辐射总量131.01千卡/平方厘米，是我国同纬度及其以南地区日照时数最长的地区之一。

B县属南亚热带半湿润山地季风气候，再加上低纬度、高海拔的影响，气温四季如春，年平均气温17.8℃，最高的6月为22.1℃，最低的1月为11.5℃。降水充沛，年平均降水量1 338毫米，年平均降水日数116.6天；干湿季节分明，每年5—10月为湿季，11月至次年4月为干季。小气候具有明显的立体变化特征，一座山往往是山头寒、山腰温、山脚热。

不同的海拔高度生长不同的野生动、植物资源，生物物质资源丰富。森林覆盖率60.67%，森林以思茅松为主，还有栗、柏、椿等众多树种。有国家保护植物18种，国家保护动物39种。不同的海拔高度适宜种植的农作物种类繁多，主要粮食作物有稻、玉米、高粱、小麦、大豆、荞、稗、蚕豆、豌豆等数十种；经济作物有甘蔗、紫胶寄主、橡胶、栲胶原料、花生、茶叶、咖啡、坚果及数十种水果。海拔1 400米以上适合种茶，而低海拔地区则适合种甘蔗。其中B县的紫胶产量为全国各县之冠，B县特产紫谷、紫米酿制的紫米封缸酒名扬国内外。

矿物资源已探明并开采利用的有金、银、铜、铁、铅、锌、盐、石膏、煤、石棉、石灰石等十余种，已探明而未开采利用的有镍、铬、钴等稀有贵重金属。其中，B县金矿为云南省较大型的著名金矿之一。

（二）B县精准扶贫情况

本次调查的主要内容是当前正在进行的扶贫攻坚工作。

B县扶贫开发领导小组2017年12月12日的《B县2017年脱贫攻坚工作总结》（B发〔2017〕19号）全面反映了B县精准扶贫工作最新的进展，再结合本课题组实地调研掌握的情况，下面对B县精准扶贫情况作一概述。

1. B县贫困居民基本情况

B县是国家扶贫开发工作重点县（以前称“国家级贫困县”）。B县2017年末共有建档立卡贫困居民23 865户94 758人，贫困乡（镇）7个，贫困村53个。2013年底，共识别出建档立卡贫困对象22 139户85 323人；2014—2016三年间脱贫39 428人，1个乡（镇），12个村。2017年动态管理后有未脱贫建档立卡贫困居民55 677人，贫困户约90%是少数民族。经2017年度扶贫对象动态管理及贫困退出工作，全县2017年度预计脱贫出列贫困乡（镇）3个，退出贫困村12个，脱贫建档立卡贫困居民8 797户35 490人，全县贫困发生率可由18.27%下降至6.62%，最终结果尚待上级确认。（另一数据：年末未脱贫的还有40 694人，贫困率13.39%。）

2. 扶贫攻坚工作主要经验和做法

扶贫攻坚工作开展以来，B县变化很大，主要是基础设施、住房改造和产业发展。2013年以来，特别是2017年，B扶贫攻坚主要开展了以下工作。

(1) 研究部署，统筹落实。

不折不扣贯彻落实中央、省委和市委的决策部署。结合自身实际制订“12686”行动计划，即：锁定到2020年与全国、全省、全市同步全面建成小康社会一个目标；分到2018年实现脱贫摘帽，贫困居民控制在3%以内和到2020年消除绝对贫困两步走；推动产业扶持、安居建设、基础设施、基本公共服务社会保障、能力素质提升、金融支持六个到村到户；实施基础设施改善、特色产业培育、劳动力培训转移就业、移民新村建设、社会保障和社会事业发展、整乡整村整体推进、居民较少民族帮扶、生态建设八大工程；建立健全投入增长、项目资金整合使用管理、“三位一体”大扶贫、考核退出激励约束机制、“挂包帮”驻村帮扶、信息化动态化管理六项机制保障。

(2) 配强队伍，增援力量。

一是组织领导。党政一把手总负责，三级书记一起抓。2014年后建立起县、乡(镇)、贫困村三级脱贫攻坚指挥机构，行政一把手任指挥长。县、乡(镇)党政主要领导为两级脱贫攻坚领导小组"双组长"，明确县、乡(镇)党委副书记协助书记分管脱贫攻坚，乡(镇)扶贫办主任按副科级配备。健全完善"挂帮包""转走访"工作联席会议机制，调整充实县、乡、村三级脱贫攻坚工作机构，人员保障到位。采取"党建＋产业""党建＋基础"等模式助力基层党建与脱贫攻坚"双推进"，机关事业单位党组织与挂钩联系村互联共建。

二是派驻帮扶。贫困村、软弱涣散村党组织实现驻村扶贫工作队、第一书记全覆盖。统筹整合150家定点帮扶单位(国家行政学院、省级5家、市级36家、县级108家)帮扶工作。每名帮扶干部结对帮扶不超过5户。实现贫困乡镇、贫困村、贫困户"挂包帮"全覆盖。单位领导干部每年驻村不少于10天。通过"同吃同劳动、交心谈心"等多种方式增进感情，群众有较高的满意度。

(3) 压实责任，层层传导。

对照"两不愁、三保障"目标(扶贫对象不愁吃、不愁穿，保障其义务教育、基本医疗和住房)、贫困退出"69115"指标(贫困居民退出的6项指标、贫困行政村退出的9项指标、贫困乡镇退出的11项指标、贫困县退出的5项指标)、"三率一度"(贫困发生率、错退率、漏评率、群众满意度)，根据B县脱贫任务，逐级细化分解脱贫任务，逐级签订脱贫目标责任书。按照"三年攻坚、两年巩固"原则，坚持一切工作围绕脱贫攻坚，以上率下压实党政"一把手"脱贫攻坚"第一责任人"责任。

一是统筹力量落实责任。县级部门认真履行牵头责任，各乡(镇)扛实主体责任，驻村扶贫队员和村第一书记全身心地投入。各级干部带头干、带领干、带动干，形成共抓脱贫攻坚的良好氛围。

二是严明纪律强化考核。对执行政策打折扣、工作不落实的倒查党政主要负责人、分管负责人责任，并视情节轻重给予组织处理或党纪政纪处分；制定出台《B县脱贫攻坚工作考核办法》，把脱贫攻坚工作列为"一票否决"指标。

(4) 全面突破，凝聚合力。

以开展脱贫攻坚“找问题、补短板、促攻坚”专项行动为抓手，聚焦“两不愁、三保障”，贯彻落实“六个精准”要求（扶贫对象精准、项目安排精准、资金使用精准、措施到户精准、因村派人精准、脱贫成效精准）和“五个一批”措施（发展生产脱贫一批、易地扶贫搬迁脱贫一批、生态补偿脱贫一批、发展教育脱贫一批、社会保障兜底一批）。

一是贫困对象精准管理。2017 年 6—9 月组建工作队对全县 69 262 户 304 756 人农村户籍农业居民进行遍访摸底，严格经贫情分析、实地调查、信息数据复核、提出拟退出（纳入）建档立卡管理以及拟认定为脱贫返贫居民初步方案、公开评议、逐级审定程序后公示并录入国办系统，并顺利完成国办系统数据录入维护工作。全县动态管理前，有未脱贫建档立卡贫困居民 46 030 人，动态管理后有未脱贫建档立卡贫困居民 55 677 人，这次动态管理实际增加未脱贫贫困居民 9 647 人，切实解决了之前贫困对象识别过程中的漏评、错评和错退问题，做到“应退尽退、应纳尽纳、应扶尽扶”，为扶贫对象、项目安排、资金使用、措施到户、因村派人、脱贫成效精准提供强有力的基础保障。

二是易地扶贫搬迁整改到位。2016 年 4 534 人易地扶贫搬迁任务全面竣工，2017 年 11 875 人易地扶贫搬迁任务全面开工。研究制定《B 县易地扶贫搬迁工作整改方案》，锁定符合搬迁对象，剔除不符合搬迁条件的 6 个集中安置点和搬迁居民。规范补助标准，严格落实省补助政策由按户计调整为按人计的要求，整改超面积、超补助等问题。联珠镇 2016、2017、2018 年易地搬迁共有 666 户。

三是住房保障推进有力。全面摸清农村危房底数，制定出台《B 县哈尼族自治县农村危房改造实施方案》。将全县 15 个乡（镇）分为 7 个片区，组织县境内 7 家建筑企业分片包干，对 C、D 级农村危房及部分基础设施建设进行统一施工，同时加强监督和管理，确保农村危房改造质量。LZ 镇 C、D 级危房的改造与重建计划 2018 年 6 月底全部完成，涉及 8 000 多农户。

四是产业扶贫成效凸显。立足各乡镇、村组的特色资源禀赋，按照“长短结合、兼顾公平、突出重点”原则，摸清农户产业发展项目意向，出台《B 县脱贫攻坚产业扶持方案》，概算总投资 19 686.9 万元，已拨付 3 796.98 万元。产业扶持政策分为贫困户和非贫困户。贫困户每户5 000元，可以自用3 000元，加入合作社，2000元是奖励性的，（企业1 000元，村干1 000元）；非贫困户也奖励3 000元一起发展。主要围绕猪、鱼、茶、烟、紫米等产品种植、养殖和加工等产业抓脱贫，尤其是发展特色产业。紫米实现提值增效，以前价格低老百姓不愿意种，现在价格上去了，不用担心老百姓不种了。发挥好龙头企业、合作社、大户带动的作用，引导提升产业发展的组织化、规模化和市场化水平，确保建档立卡贫困村有1～2个特色产业，贫困户有1～2项增收项目。建立职能部门班子成员、技术员挂村组工作机制，加大对贫困户的技能培训和技术指导。着力推进“凤凰山普洱茶”、B县回归文化旅游、旅居养生养老度假小镇等品牌项目，以全域旅游发展带动贫困群众增收致富。2017年进行了省农村拔尖乡土人才的选拔，一位哈尼服饰制作传承人当选。2018年年初县委县政府对哈尼族品牌旅游开发的打造与提升制定了规划。

课题组考察的LZ镇BX村主要产业是茶叶、旅游（古镇里面卖小商品，8家农家乐）。BX村特色产业之一是种韭菜，据说占全县市场份额90%左右，还给超市供货，其中一个寨（组）120户中70～80户都种韭菜，也卖韭菜花，一批村民靠种韭菜脱了贫。LZ镇KF村主要产业是烤烟、茶叶、荷兰豆，一批村民靠种荷兰豆脱了贫。课题组拜访了一家荷兰豆种植专业户，生活条件不错。每天傍晚在县城汽车站附近有昆明来的商贩收购他们的荷兰豆销往内地，课题组成员回到南京后在超市看见荷兰豆产地为云南，说不定就有KF村的产品。生猪是NH村的产业，人均可支配收入中三分之一来自养猪。通过产业增加附加值来发展支撑。LZ镇要与即将开工的县肉联厂签订企业加农户的协议，做哈尼黑猪品牌，17块一公斤收购，并考虑每个村成立一个合作社，乡镇大合作社与企业签订合同。现在公司先签订了一个村的试点。县里按每年户均出栏10头猪的标准考虑仔猪的对接问题。

五是基础设施明显改善。制定出台《B县脱贫攻坚部分基础设施建设工作推进方案》，探索创新融资和实施模式，推进“十项重点工程”，农村环境综合整治、危房改造、家庭污水处理池、村组垃圾处理池、公厕、人畜共居改造、村民小组活动场所、村居标准卫生室、行政村篮球场等建设夯实硬件基础，进一步提升人居环境和公共服务水平。村民小组活动场所的建设为村民提供了开会议事、文化娱乐、民族活动的场地，聚拢人心，满足精神生活需求。2017年已实现各乡镇到村的道路硬化。实现通信4G网络行政村全覆盖；宽带接入41 081户，2017年预脱贫的3个乡(镇)15个贫困村都已实现宽带网络全覆盖。

LZ镇道路都已硬化，以前开车回家车到不了村委会，现在直达自家村小组，但等级公路还没解决；所有村民小组都通电了，现在农村人家大部分用电饭锅、电磁炉烧饭，促进了生态的保护；96%自来水管入户，2018年将基本全通；宽带还剩2个村没通，2018年要全部通；4G信号覆盖率达到98%；广播电视村村通。精准扶贫这几年来，非建档贫困户虽然享受不到专项政策，但是在基础设施与公共服务上也共同受益。

六是教育扶贫全面覆盖。2016—2017学年，审核发放普通高中国家助学金287.05万元，资助家庭经济困难学生1 607名，审核发放家庭经济贫困幼儿资助金29.67万元，资助家庭经济困难幼儿989名。

全县98所学校(教学点)，3 100多教师。因贫失学的几乎没有，少数民族农村地区在校学生三餐全包，人均10元标准，两菜一汤，两荤一素。初中阶段学生流失会多些，初中、小学流失率的控制目标分别是1.8%以内和0.6%以内。2018年正在摸索把辍学的学生请回来，开个职中班技术培训。各乡镇要有1个公办幼儿园，还差3个未建，工作还在推进，主要是土地的问题。当年脱贫出列的家庭，孩子上高中及其以上的当年给予一次性补助。

过去因学致贫较普遍，一家有两个高中以上的学生通常就会陷入贫困。现在可以助学贷款，最高8 000元，每学年都可以贷款。现在村镇县都对学生进行资助，支持力度挺大，几乎没有因学致贫这类情况了。贫困家庭孩子上高中学费、住宿费也是免费的。职业高中汽车修理、烹饪技术培训比较受欢迎。

所有高中以上到大学的学生，只要符合条件的人员都享受低保，也给大学开学前的一次性资助。

LZ镇义务教育适龄儿童因贫失学的几乎没有，个别因厌学而辍学。高中以上的学生家庭贫困户，县里一次性救助3 500元。贫困家庭上不起大学的情况经排查在镇上是没有的，只是困难一点。

七是健康扶贫深入推进。依据《云南省健康扶贫30条措施》，制定了实施方案、行动计划、工作方案。两所公办的二级医院，乡镇卫生院硬件设施达标，每个行政村一个标准化卫生室正在推进中，预计2018年底全覆盖。行政村乡村医生已全部配备到位。加大医务人员培训力度。建档立卡贫困居民100%参加城乡居民医疗保险，100%参加基本医保，100%签约家庭医生。符合参合条件人员均已参加大病统筹。

贯彻执行国家卫生计生委等部门《健康扶贫工程"三个一批"行动计划》，"大病集中救治一批、慢性病签约服务管理一批、重病兜底保障一批"，防止因病致贫、因病返贫。因病致贫家庭9 000多。慢性病主要是高血压、糖尿病、精神病、结核病，进行慢病管理。因病致贫的兜底人数并不多。

八是兜底保障逐步完善。因病、年老、残疾、无人照看的未成年人或其他特殊原因完全或部分丧失劳动能力的农村贫困对象纳入最低生活保障范围，具体由县民政局负责。2017年6—7月进行地毯式排查，纳入符合条件的低保对象，剔除不符合条件的，完成精准兜底，做到应助尽助，应扶尽扶，应保尽保。保障标准按照省、市低保指导标准执行，逐年在提高，2017年标准是3 252元/年，实现扶贫标准和低保标准两线合一。对建档立卡兜底对象资助参保、参合，特困供养对象全额资助参保、参合。在新农合报销范围内自付部分给予50%的救助，特困供养、精神病对象全额救助，把所有保障对象医疗救助纳入"一站式"即时结算救助范围。

九是档案管理规范有序。进一步细化、规范和统一精准扶贫、精准脱贫档案管理工作，确保各乡(镇)在精准识别、精准扶贫、精准脱贫、贫困退出等工作档案资料齐全、完整、规范。

(5) 监督指导，提质增效。

县级领导深入调研，督促指导乡(镇)落实推进各项工作任务。

每月由县委督查室和县政府督查室进行督察，每季度由县脱贫攻坚指挥部开展专题督查，对工作中出现的问题进行通报，逐一落实整改。

建立常态化监督检查、扶贫资金专项检查调查、责任追究三项机制。县纪委牵头，整合县委督查室、政府督查室、脱贫攻坚指挥部、组织、纪检监察等力量，针对脱贫攻坚领域违纪违规问题进行多层次、全方位的监督检查。

(6) 宣传发动,激发动力。

多部门联动、多媒体互动、多方面齐动营造扶贫工作良好氛围,提高群众政策知晓率,激发扶贫对象脱贫的内生动力。刊(播)发扶贫宣传稿件900余篇(条),其中,在国家、省、市级主流媒体刊(播)发扶贫宣传稿件186篇(条)。编撰印发简报、信息,全面、及时地反映好的经验做法。举办千人宣誓签名、扶贫日集中宣传、发表联名主题文章、领导干部扶贫政策知识测评、竞答等活动。利用户外文化墙、宣传画、广告牌展示扶贫工作。汇编各级政策刻录成光盘在"大喇叭"点播放。

三、B县哈尼族农村居民综合发展影响机制分析

B县哈尼族农村居民综合发展的影响机制有许多方面。LZ镇领导对本镇贫困村与非贫困村之间的差异概括为以下几点:自然条件差异;贫困村人均耕地面积少;脱困村外出打工多;贫困村村干部的能力及其带动示范作用不行;基础设施有差异,县城、乡镇周边村,交通便利,居民见多识广,比边远村的发展得好,边远的不饿肚子就好;贫困村村民素质低,培训不出来,劳务输出也输不出,没人要;山村多,面广,政策推开有一个过程,有的村快、有的村慢。这当中有些问题将在下一节讨论。

这里着重分析可能是最为突出、最为根本、最为普遍的三个方面:自然因素中的山地生存环境,文化因素中的民族传统文化,经济因素中的宏观区域经济环境不良。这三方面可以说是制约B县经济发展的最根本的原因,B县要整体实现经济社会现代化,必须在这三个方面有所突破。

(一) 山地生存环境恶劣

中国连片深度贫困地区在自然地理特征上大体上可分为高、旱、山三类,即高海拔地区、干旱地区、山区。我国高海拔地区和干旱地区地域分布范围虽然也很广阔,但相对于山区的地域分布范围要小很多,而且高海拔和缺水到了一定程度直接会限制人类生命活动,所以我国的高、旱、山三类地区中,以山区的贫困居民数量最大。

云南连片深度贫困地区绝大部分都属于山区,还有一小部分属于高海拔地区。B县哈尼族大部分住在农村,农村哈尼族都居住在山区、半山区。从这点上说,B县哈尼族的贫困状况在西南地区带有典型性,B县哈尼族的

脱贫工作在西南地区也带有普遍性意义。

前文已经介绍了B县的自然条件，水、气温、日照等人类生活、生产所需的自然条件都比较优越，空气质量也很好，但连绵不绝的大山限制了其他优越自然条件的作用。

B县总面积5312平方公里，2017年总居民36.05万，可知B县居民密度67.9人/平方公里，是全国平均居民密度的一半。但B县山区面积为总面积的99.8%，剩余的0.2%面积为10.6平方公里（其中还含有相当一部分水域），如果用这个面积计算居民密度就会高达34 000人/平方公里。实际上有大量居民分散在山坡上生产、生活，山坡上的生产标志就是闻名于世的哈尼梯田，山坡上的生活则可在哈尼人的山寨（这里用的是它的原意）、山城里领略一番。

山地对人类生产生活的不利影响主要有三方面。一是缺少适宜耕种的土地，这一点在一定程度上被哈尼人用造梯田的办法克服了，但梯田的修造、维护和使用成本都比较大，过去主要是在封闭的条件下解决粮食的自给自足，现在无法与现代农业竞争。B县部分贫困村的主要贫困原因就是缺土地，农业合作化等都发展不起来。二是阻碍交通运输，居民和物资的流动成本高，这在历史上有利于躲避战乱，但在现在和平发展的时代，山区往往难以融入大市场、参与大分工，必须大力建设交通运输设施才能克服。在B县，越边远，越落后。三是地质灾害较多，威胁人类安全，如山体滑坡、泥石流等，云南省还是地震多发区，进一步加剧了这些危害。三方面中影响最大的当属交通不畅。

（二）民族传统文化束缚

结合本研究的主题以及B县的文化结构，这里主要讨论哈尼族传统文化对哈尼族农村居民综合发展的影响。本研究团队主要成员都不是云南人，此前都对哈尼族认识很少，这次调研虽然在哈尼文化的核心区域B县、A县、C县住了哈尼山城，进了哈尼山寨，入了哈尼人家，但对哈尼文化的直接接触只能算是蜻蜓点水，对哈尼文化的认识还有待进一步深入。所以，这里不打算讨论哈尼文化的细节，而是从哈尼文化的基本属性方面做一些探讨。

按史书记载，哈尼人的先祖曾是青藏高原上的一支游牧民族，后来离开青藏高原并多次迁移，大约 1700 年前为适应新的生存环境转变成为农耕民族，约 1300 年前最后来到哀牢山区和无量山区安营扎寨。1700 年的农耕史给哈尼文化打上了鲜明的农耕文化烙印。所以哈尼族传统文化和汉族传统文化有一个重要的共性，本质上都是农业文明的产物。在农业文明时代，哈尼族、汉族等组成的中华民族是成功的民族、先进的民族，哈尼梯田就是明证。

但是近代人类社会进入了起源于欧洲的工业文明时代后，中华民族一度掉队长达几个世纪。直到 19 世纪末中华民族才开始认识到自己的落后，并开始向工业文明转变。但是向工业社会的转变必然与发端于农业文明的中国传统文化发生冲突，许多方面的冲突一直持续到今天。当然今天与中华传统文化冲突的已不仅是工业文明，还有更新的信息文明。从现代化程度较高的民族的经验来看，任何民族只有进行适当的文化妥协才能实现现代化。要想原封不动地保留传统文化就无法实现现代化。民族传统文化妥协是向现代化妥协，而不是向率先现代化的那些民族妥协。不能因为现代化源于欧洲就把中华民族现代化看作是西方化，也不能因为汉族在中国的现代化中起着主要作用就把中国少数民族现代化看作是汉化。

根据 2010 年居民普查数据，中国 56 个民族的居民现代化程度，哈尼族列第 49 位。其中两个关键指标排位很靠后，平均受教育年限 6.44 年，列第 47 位；城镇居民比例 17.36％，列第 48 位。1990 年全国哈尼族居民城镇居民比例 3.48％，56 个民族中列第 52 位，可见哈尼族一直到 21 世纪整体上还是典型的农业民族、农村民族，哈尼族文化的基本属性还是农业文化、农村文化。哈尼族要提高现代化水平，需要提高居民城镇化水平、产业非农化水平，带动哈尼族农村和农业现代化。哈尼族传统农业文化、农村文化中的一些精髓的东西在现代化的过程中不仅不应抛弃，而且要发扬光大，比如敬畏自然、人与自然和谐相处的理念。传承优秀传统文化不应拘泥于形式，更主要的应是价值理念的传承。

（三）宏观区域经济环境不良

云南省目前是全国经济发展水平最落后的省区之一，在中国大陆 31 个省、市、自治区中，云南省 2016 年和 2017 年人均地区生产总值均为第 30 位（仅高于甘肃），人均可支配收入均为第 28 位（仅高于西藏、甘肃、贵州）。加之云南省常住居民规模较大的因素，云南贫困居民规模仅次于贵州。云南省国家扶贫开发工作重点县有73个，在全国各省区中最多。

B县所在的P市共有10个县(区)，均属于滇西边境集中连片特困区(国家将14个集中连片特困地区作为扶贫攻坚主战场)，其中有8个国家扶贫开发工作重点县(含B县)。

B县身处这样的宏观区域经济环境，要想脱颖而出独自脱贫是几乎不可能的。B县所处的宏观区域经济环境说明，B县与周边地区的经济社会发展面临着许多区域共同的影响机制，需要在国家西南地区范围、云南全省范围、滇西边境片区范围、P市范围、B县范围多个区域层次共同发展。

四、研究发现的问题

(一) 脱贫成果的可持续性问题

根本脱贫需要培植产业、改变人的素质，需要一个较长期的过程。按照现在的脱贫目标，这么短的时间内是可以改变一些表面现象，但不可能一下子就全部彻底脱贫。按脱贫标准出列没问题，但质量不高。维持现行贫困线临界标准的脱贫可以实现，但如何富起来还很难，还有很大的障碍。因此现在就需要考虑2020年后的接续工作，如何采取长效措施保持脱贫成果，避免暂时性脱贫之后又返贫，怎样在更高的贫困线标准下进一步脱贫。

(二) 家庭脱贫与区域脱贫的关系

扶贫对象是否精准，最小识别单位可以是家庭，但分析单位应该有微观(个人、家庭)、中观(村、乡)、宏观(县、地)不同层次，然后根据各个层次的贫困原因及其分量来安排扶贫项目、使用扶贫资金，即扶贫的实施也是分层次的。B县的贫困问题首先是B县所处的宏观区域的问题，这样的贫困问题靠一家一户的扶贫是无法根治的。“六个精准”要求之一的“措施到户精准”中的“户”不应该机械地理解为都是一个一个孤立的户，更多情况下应该理解为一群一群相互联系的户。

现在的扶贫工作中大量工作针对的是以单个贫困户为单位的扶贫对象，造成扶贫资金分散化、扶贫项目碎片化，是用微观的措施治理宏观的问题，治标不治本，存在扶贫资源分配的绝对平均主义倾向，而且操作成本高，效果难以持续。脱贫的根本途径是产业的发展，对于B县这样宏观贫困背景下的贫困，扶贫需要的是现代式的大产业。

扶贫不同于救济。但现在有点像是用救济的方式搞扶贫。救济主要是维持人类基本的生存条件，解决的是人的最基本的刚性需求，因而在实施过程中主要是以个体或家庭为单位发放生活物资。有的个别性的贫困家庭，是家庭特别事件造成的临时的贫困，一般属于救济的对象，应该采取独立的、个别的救济措施。而贫困区域的家庭普遍性贫困，其贫困的根源是区域性的社会问题，扶贫应该首先统一解决共性的问题，随着共性问题的解决，绝大多数家庭的问题也就迎刃而解了。剩下的零散的、特殊的贫困家庭才需要以家庭为单位因户施策。

（三）贫困家庭精准识别的问题

由于扶贫措施中到家到户的扶持面大，贫困家庭得到的实惠很大，贫困家庭的认定往往成为扶贫工作中的一个矛盾焦点。

很多村寨中各家各户的发展虽然会有好中差，但原本相对均衡，差异并不显著。扶贫工作非要从中挑选出若干贫困户获得政府的大量扶持资源，造成有的村非贫困户与贫困户间形成对立，甚至有非贫困户集体上访的。调研中多次听到扶贫干部引用“不患寡而患不均”的古训。政策不均衡对群众对扶贫工作的认识有负面影响。

区分贫困户与非贫困户的标准看似很“精”，未必真“准”。一是带有很大的人为性，对一个差异不显著的序列进行质性分类，怎么分都比较勉强；二是带有很大的偶然性，一个家庭的贫困度测量值不仅受选用什么指标的影响，每个指标也会受很多因素干扰；三是带有很大的表面性，当地不少干部群众认为有的人穷是好吃懒做致贫，脱贫不应该养懒汉，扶贫政策不应该成为奖懒政策，应该重点关注真困难、真贫穷，老弱病残包底是应该的。

后文还将专门讨论住房的问题。

（四）扶贫资金问题

扶贫工作方方面面都需要资金投入。但B县扶贫资金缺乏，投入不足。2017年通过扶贫融资3.85亿元，其中8 000多万来自中央财政，1 000多万来自上海资助，其他的大量资金都是依靠地方融资。

扶贫资金拨付不够及时。2017年财政专项扶贫资金支出进度滞后、统筹整合财政涉农资金支出进度滞后。住房改造重建的补助资金通常是5～6月才到位，错过了适宜施工的旱季，老百姓报怨。

扶贫工作只有项目经费，没有配套的运行费。各级各部门干部在本职工作丝毫不减的同时承担了大量扶贫工作，但没有相应的工作经费，个人收入也没有补贴，还要自掏腰包给帮扶对象送钱、送物。乡镇要负责把上级政策落实到贫困户家里，但乡镇一级没有财政，课题组到访的LZ镇每年财源只有100万元烤烟税收返还。这两年村组干部全身心投入扶贫工作，村干部更是全脱产，耽误了自己的产业，自己原本的收入减少了，没有额外工作补贴（LZ镇村干部常规补贴每月1 500元）。一线扶贫干部受到的压力很大，长期住在村里与家人分居，家庭受影响，开始出现家庭矛盾，需要激励，需要压力疏导，但没有经费支持。

（五）群众内生动力不足问题

当地农村群众，特别是扶贫对象，不少人有消极思想。

（1）安于现状。容易满足，不思进取，基本生活有保障了，就不想做更多的努力。

（2）“等靠要。”自我脱贫意识淡薄，主动参与扶贫项目的积极性不高。有的老百姓对政府和扶贫干部还有过多甚至非分的要求。政府太急，群众太懒。上面热火朝天，下面老百姓在冷眼观望。政府主导作用发挥过大，贫困对象的内生动力退缩。享受扶贫政策理所当然。被评上脱贫户，就想一直当下去。

（3）缺乏信心。对乡（镇）村提出的产业发展思路缺乏信心，山区奔头不大，不太看到希望。

（4）缺少家庭发展动力。农村家庭结构不完整很普遍，有的娶不到老婆，有的老婆因贫困逃离。

（5）传统生活惯性。哈尼族传统生产生活方式根深蒂固，过惯了自娱自乐，自我满足的生活，对新的生产生活方式没有急切需求，甚至不能接受。普遍的生产种植模式是种下去就不管了，长什么就什么。

（6）达到脱贫标准赖着不愿脱贫。干部只能召开村民小组会议，帮助他们一笔一笔地算收入账，让他们认可自己已脱贫。

(六)扶贫工作档案材料和考核方面的问题

扶贫考核评估过于注重材料,好多东西太繁杂,报表太多,填表做材料耗费了大量时间,分散太多精力。扶贫干部本已非常忙,做材料还要占用大量时间。与此相应的还有开会太多,文件太多。开一次会要村、乡镇、县各级干部跑一圈。每次发个文件,复印费也要很多钱。

基层干部文化素质有限,尤其较为偏僻的乡村,青年人大量外出,留在家里的明白人没有几个,如果脱贫攻坚档案台账设计得过于复杂,基层干部难以胜任台账建立和更新工作。

扶贫信息管理系统平台现在有 3 个,国务院一个,云南省一个,易地搬迁(省发改委)一个,但三个平台数据未能有效衔接。一个贫困户的信息要在三个系统重复录入三遍。系统开放时间特别短,在 11—12 月底开放一次半个月左右,有的系统只开 3～4 天,时间紧任务重,希望省级协调。

考核的问卷里面一些调查项目不切实际,比如收入,要分各项收入、不同年份收入,哈尼村民,特别是那些上了年纪的根本说不清,语言也不通。

考核不能只以老百姓本人的调查信息为准,有的担心贫困户保不住会不说真话,调查时装穷,明明有的也说没有。LZ 镇领导认为在当地如果一个人所有的可支配收入达不到 3 200 元是不可能的,那就活不下去,所以经济收入这块脱贫达标不会有问题。

脱贫考核中老百姓满意度的测量也存在不少问题。有的贫困户无论得到多少帮助也不满意,认为这是政府应该做的。为了获得较高的满意度,扶贫包户干部考核前必须去扶贫对象家送钱送物。有的非贫困户对扶贫工作不满意其实是对政策不满意,大家实际收入差异不大,他是贫困户,我却不是,政府待遇差异那么大。一些扶贫干部认为,满意度测评只能作为参考指标,过半就很好了,现在要求达到 90%以上,标准太高了。

脱贫考核不能和发达地区比,要考虑贫困地区的实际情况。

贫困户有 28 个材料,每户信息 40～50 张表,厚厚一摞,一式三份,户、村、镇各一份。但是一年搞几次遍访,做成材料存档没必要,更没必要重复复印 3 份。镇里有 50 人要做 8 000 多份材料。2014 年立档尚未脱贫的贫困户,每年都要重做材料,大部分信息是重复的,其实只更新变动信息就可以了。一个村光花在脱贫材料复印上的费用就要 60 万～70 万元,这些钱拿来可以干不少实事。

要从注重痕迹材料改为注重实际效果，从注重程序过程更为注重效果。

（七）住房改造和易地搬迁

住房改造是脱贫工作中困难比较大、问题比较多的。危房改造量很大，到处盖房子。哈尼族住房大同小异，扶贫过程中改造翻新的只是一部分家庭。哈尼房子有些外面看着好，里面质量并不好，有的家庭没有列入改造对象，不是贫困户的家庭也有很多跟贫困户家庭的房子一样的破旧，有的家庭定为贫困户的主要原因就是房屋质量，群众因此质疑房屋质量分类的标准。

处在家庭不同发展阶段的家庭有不同的投资重点。有的家庭近几年一直有子女在上学，家庭投资的主要方向是子女教育，住房投资就暂缓了下来，恰好赶上了新的扶贫政策，因为住房被评定为D级危房而被列入了贫困户，成为扶贫对象，政府补助重建了住房。

各个家庭也会有偏好的差异，有的家庭宁可牺牲眼前的生活质量省吃俭用先把房子建起来了；而有的家庭更在乎眼前的吃穿用，住房则能将就就将就着。结果原本收入相近的两家，后者当选为贫困户获得政府资助，前者却不能享受扶贫政策。

房屋重建改造的标准都偏离农村实际。重建标准限定18平方米，群众嫌太小，因为农村住房不仅是生活场所也是生产场所，而且房屋加固做得太简单。

2017年回头看工作中，易地搬迁扶贫政策变化比较大，现在按人补2.6万元，原来按户补6万，调整补助很麻烦。

（八）产业扶持方面的问题

产业发展是扶贫的关键措施。贫困的原因是增收困难，生产方式单一，形成不了规模。

产业发展比较艰巨，面临很大的困难。虽然农村有一定的基础，有些产业支撑，比如茶业面积比较大，畜牧养殖也有些基础。B县产业最大的支撑是茶叶，品质比较好，但茶农粗放经营、粗放管理、粗放加工，一斤就五六块钱。劳动力转移后，要做到好更不容易。

产业发展最大的问题是产业可持续性的问题，产品走不出去。23万亩茶叶,鱼、猪等农产品,需要走出去增值,需要市场培植。还需要交通设施,零散的农产品出售交通不便,成本太高。

现在一家一户 2 000～3 000 元产业补贴形成不了规模,每家给几千元也不是长久之计。国家要鼓励大企业来山区发展,引进些大企业来贫困地区发展,带动就业,才可长久。不过在这种山区搞企业带动、产业对接也困难。

县里转移性收入过大,靠打工得来的工资收入不一定是好事情,不一定有可持续性。生产经营,家庭经济才更具有可持续性。

资金扶持力度要加大,建档立卡贫困户产业扶贫补贴每户 3 000 元少了,3 000 元买不到一头 6 个月大的小牛(7 000 元)。按户不行,应该按人。

产业散、弱、小,没有形成规模,比较零散,没有更多的增收途径。

不利于产业发展的因素有:基础设施滞后,尤其是交通,产品做出来,卖不出去;主要劳动力外出,留守人员多为老弱病残;土地的限制,农业及其衍生的农产品加工业是 B 县的主导产业,但 B 县是山区县,人均土地少,人均耕地面积少,且山地居多;劳动力素质低。

以乡镇为单位搞一村一品市场太小,活不了。要从全县或全市做这样的事。

合作化、规模化、集约化是个长期的过程,而且全国都在搞短平快的脱贫,缺乏统一的统筹。

村组干部的示范带动作用非常重要,贫困村与非贫困村往往就是村干部带动效应有差异。很多能干的、会干的都走出去了,不愿意做村干部。

(九) 交通等基础设施问题

基础设施水电路中,水电已可以,制约发展的是路,交通设施薄弱。

从外部大交通来看,B 县古代就是茶马古道的必经之路,随着穿过 B 县城的泛亚公路、泛亚铁路以及公路国道、省道的建设,火车站的设立,B 县已经不仅与全省、全国连通,而且已经连通世界,可以说 B 县在大交通网络中占据了一个十分有利的地位。

但从内部小交通来看,道路体系建设虽然已经实现“村村通”,但从村到各组的路大部分还没有通。从乡到各村的路大部分等级较低,晴通雨阻现象很普遍,雨天要推车走。从县城到各乡镇的路大部分已建设得比较好,但需要在山间盘绕，常常是目标虽已在眼前，却要转一大圈才可到达。内部交通条件的滞后，造成县域内市场碎片化，难以形成统一市场，难以进行整体规划，难以发展规模经济，难以合作对外竞争。即使B县城已经具备了成为交通枢纽的条件，但周边的小交通不畅，就意味着缺乏有效的腹地，交通枢纽的作用将难以充分发挥，周边居民从交通枢纽获益也有限。

路不通，产品无法销售。路通了，农产品才可以销售出去。偏远村现在有中巴车了，但是还没有好的路。

脱贫攻坚主攻方向要微调，重心要转到基础设施建设方面，交通需加强，便于留守的老人、妇女、儿童出行。

B县还存在农业水利设施老化的问题。

（十）教育扶贫和劳动力居民素质方面的问题

贫困的原因之一是文化素质偏低、文化受限。知识水平与社会脱节的话，脱贫依然会返贫。

全县平均受教育水平才7.83年，57%是文盲，周边地区有的目前40岁以上的67%是文盲，50岁以上的人普遍不会讲普通话，女性没文化的特别多。

LZ镇KF村全村292户，1 200多人，村里出过9位大学生，毕业都没回来，都在外地打工。现在在读的有8位大学生，其中有3位家里是贫困户，主要原因是D级危房。在校大学生学费每年国家补助3 000元。

教育落后，文化程度低，让他们养猪都养不好，实际上是素质型贫困，兜底也不满足条件，有劳动能力，年龄也达不到享受兜底政策的标准。素质型贫困突出，这种贫困最难脱贫。基础设施2018年完成，2019年查缺补漏，下一步重点解决素质型贫困和兜底户脱贫，2019年年底基本完成脱贫任务。

孩子上学期间父母出去打工也困难，毕业后就明显好转了。义务教育结束后就出去打工，能上大学的只是少数。

贫困村村民素质低，培训后达不到要求，培训不出来，劳务输出也输不出，没人要。这个不是短时间能解决的，要持之以恒进行技能培训，持续外界信息输入。

（十一）医疗健康扶贫方面的问题

“三个一批”中，硬件上乡镇、村医疗器械的缺口大，需加大投入力度，缺近 2 000 万元。

医疗人才缺乏，总量不足，900 个编制空缺 103 个，正采取措施，定向订单培养，现在有订单 54 人在校学生，引进人才计划每年 20 人左右，但发达地区也在昆明招人，人才竞争激烈，有指标招不到人。

BX 村一位贫困户女主人，37 岁，有一小孩 13 岁，老公在本地打工，乳腺癌，做手术花了约 16 万元，报销了 8 万元，手术完了化疗了 11 次，化疗后要用药物控制，省肿瘤医院的医生指定的是它莫昔芬，但此药不在医疗保险报销范围内。一个月要花将近 800 元，她自己的低保收入只有 230 元。

（十二）集体经济发展方面的问题

乡政府没有什么收入，没有税收。LZ 镇每年仅有烤烟税收返还 100 多万元。每个村 2 万～5 万元达标，现在镇里 2 万元以上的村只有 5 个村，最好的村 10 万，靠近城镇出租门面房。BX 村靠出租门面房，一年有 5 万元的集体经济收入。

NH 村集体的实体经济有两项，一是养殖协会，算是集体的合作社，集体一半个人一半；二是固定资产投资，乡政府驻地，出租门面，有些收入。

集体经济缺三资（资金、资产、资源），难以发展。因为，土地分到户，没有公共土地；技术困难，大部分集体经济都是小微企业，没有核心技术，没有创新，养羊就只养羊，羊毛就不开发；集体经济小散弱，成不了规模，小手工业作坊，难以持续，表面上看蓬勃发展，实际上千疮百孔。

（十三）劳动输出方面的问题

外出打工是当地农村家庭最重要的收入来源之一，青壮年劳动力转移到外面的比较多。留守农村的通常是老弱病残。大多数在周边打工，去长三角、广东的少，有的是季节性的。组织去外地，说怕不安全不想去。国家行政学院曾要 20 名服务员，问了好多村，有的已经出去了，有的说太远不愿意去。去年约有 1.5 万多人出去打工。企业出去招工的比较少，有的也招不到。2017 年劳力转移 1.2 万人。外出务工技能少，以低端劳力干粗活为主。

五、研究建议

在1月25日上午的县级部门座谈会上，调查组采用专家调查法（即德尔菲法）对“截至2020年，当地扶贫攻坚最应当抓紧的有哪几件事或者工作？（依照重要性和紧迫性举例5件）”进行了调查，第一轮调查每人提出5项工作，调查组把回收的调查结果归纳了10项工作，再对这10项工作进行筛选，每人最多可选其中5项认同，调查组最后汇总16名被调查者选择出的B县扶贫攻坚当前最紧要的工作如表5－1所示。

表5－1　B县扶贫攻坚当前最紧要的工作

序号	工作内容	认同人数	重要性排序
1	加强基础设施	16	1
2	加大村民思想教育，激发脱贫的内生动力	16	1
3	加强公共服务设施建设	14	2
4	加大产业扶持	13	3
5	提高劳动者素质	11	4

这5项工作合计获得70人次认同，集中度高达87.5%[即：70人次/(16人×5次)]，可以说B县的县级部门领导对B县扶贫攻坚当前最紧要的工作有高度共识。

表5－1所列出的5项工作按其性质又可分为两类，第1、3、4项主要是物质资本建设，第2、5项主要是人力资本建设。第1项中的“基础设施”和第3项中的“公共服务设施”严格意义上说是高度重合的，如果按通俗说法来区分，基础设施主要指交通、通信、供水、能源等方面既服务于生产也服务于生活的公共设施；公共服务设施主要指教育、医疗卫生、文化、体育、商业、金融等方面为居民日常生活服务的公共设施，但即使这样区分仍会有一些交叉重合部分，因为人们的生产和生活本来就难以分割。

（一）加大交通建设

对于B县而言，“基础设施”的短板主要是交通设施不足。

国家发展改革委2014年3月批复同意的《P市建设国家绿色经济试验示范区发展规划》中提出，“以昆曼通道为轴线，在思茅、宁洱、江城、墨江四县区重点发展特色生物、休闲度假养生、绿色载能、商贸物流等产业，形成‘通道经济板块’”。仅就B县而言，要想发展通道经济，在交通建设方面要为交通枢纽、物流中心规划建设配套的拓展腹地的道路体系，增加人流、物流的流量，才能把通道的作用充分发挥出来。

村组路只铺了砂石还不够，要硬化，需要提升路面等级。山区村组路量大，寨子少，建路工作量太大，建议村组路建设等级最好一次到位，可以先做300公里，再做400公里，每次做到位。不要反复投入，不断重复，泥，砂石，硬化。硬化路1公里需120万元。

（二）加快教育、医疗等公共服务发展

对于B县而言，“公共服务设施”的短板主要是教育和医疗卫生设施不足，最关键的问题还不是缺乏硬件设施，而是缺乏专业技术人员。教育和医疗卫生两者当中，短期作用医疗卫生更大，长远影响教育更大。对于劳动者而言，教育不仅可以增加他们的生产知识和技能，还可以扩大视野，更新观念，增强信心。

学校好了，教学质量高了，知识水平高了，家庭发展知识水平高了就可以改变传统生产生活方式。

建卡立档贫困户存在智力脱贫、思想脱贫问题，需要扶志扶智，需要思想引导、技能引导，靠自己的双手脱贫。

（三）向“绿水青山”要“金山银山”

调查组在B县的3天亲身感受了当地的自然环境。1月的B县正值干季，风和日丽，温暖如春，空气纯净，水体清澈，植被茂盛，物种丰富，十分宜人。形成这样好的自然环境，不仅得益于一系列天然因素，也因为少有工业的经济因素，还有当地各民族重视生态环境的文化因素。

“绿水青山就是金山银山”，但如何让生活在“绿水青山”中的居民感受到“金山银山”的存在？《P市建设国家绿色经济试验示范区发展规划》中提出了发展“休闲度假养生”。这其中还可以更明确地发展养老经济，中国居民正在迅速老龄化，B县的自然条件发展养老经济在全国范围里都有优势。

（四）扶贫工作要顺应居民城市化的发展趋势

少数民族城市化，既有少数民族地区本地城市化，也有跨地区的城市

化。我国的居民大流动中也有少数民族的居民流动。包括哈尼族在内的西南多个少数民族,文化与汉族文化较为相近,流入汉族地区后较易与当地社会融合。少数民族居民流动有利于中华民族各民族共同发展。B县估计有10万多农村户籍居民(农村户籍居民的三分之一)常住城镇,一半出县,一半在本县城镇,以劳动力居民为主。国家应该考虑政策让这些人自愿在流入地脱贫。这样做即可助力西部脱贫,又可缓解东部居民老龄化带来的一些问题。

但与此同时,无论是各少数民族自身的需要,还是中华民族大家庭整体的需要,都应该继承好各民族的传统文化。如果只在少数民族地区保护少数民族文化,一些少数民族可能难以积极参与居民大流动。这种保护少数民族传统文化会限制少数民族居民的流动范围,又不利于中华民族各民族共同发展。为此,国家层面可以考虑在少数民族流入较为集中的汉族地区设立相应少数民族的文化机构;在某个外来少数民族常住居民达到一定规模的地区,可以考虑设立少数民族街区。这样做有利于民族大交流、大融合,也有利于保护少数民族文化,国际上也有类似的做法。

哈尼族历史上是在迁徙过程中形成的民族,今天也可以在流动中脱贫、发展。

(五) 基础设施建设标准要有一定的超前性

要用发展的眼光而不是救灾过渡的标准建设扶贫基础设施,否则贫困地区永远落后,经费投入效益打了折扣。比如住房建设,农村住房修缮周期如果一般在15年上下的话,那么现在的住房重建或改造应该至少按10年不落后的标准建设。

(六) 国家应当整合扶贫政策与低保、养老、救济等社会保障政策和公务岗位聘用政策

现行的扶贫、低保、养老、救济等政策有的相互重复,有的又存在冲突。应该把功能相近的政策进一步统一、整合,更好地发挥作用。

B县在实际工作中已在尝试。县林业局承担林业生态补偿脱贫一批的任务,在保证聘用条件情况下尽量从贫困户中聘用护林员,把2016年上级新增的200户护林员指标(每户每年1万元工资)在执行中改为250户,全

为建档立卡贫困户，每户8 000元。

目前低保的标准已经与脱贫的标准相统一。但云南健康扶贫30条中没有把民政对象全部纳入。

另外，特别扶持残疾人的扶贫政策比较少。

（七）国家应该加大对哈尼族的扶持力度

党和政府十分关心少数民族的发展，习主席2015年在云南调研时要求，“不能让一个兄弟民族掉队”“各民族都是一家人，一家人都要过上好日子”。在扶贫工作开展以来，出台了若干专门针对少数民族的扶贫政策，如居民较少民族、边境少数民族、新疆少数民族、西藏少数民族等都有相应的专项政策。B县JX乡SB、TH、ZL三个布朗族聚居村寨实施居民较少民族（布朗族）扶持项目，已取得显著成效。

哈尼族虽然是云南居民第二多的少数民族，但各支系发展不平衡，解放初从原始社会、封建社会到资本主义社会都有，有的1957年才解放。多项评估指标都可以看出，哈尼族整体上现在在中华民族大家庭中处于社会发展程度相当落后的位置。要改变哈尼族的落后状况，哈尼族自身固然要自我革命、奋起直追，但哈尼族现在面临的一些困难可能是自身难以克服的，最突出的问题就是哈尼族的生活环境阻碍了发展。1300年前哈尼族来到哀牢山区和无量山区定居普遍都住在了山区、半山区，哈尼人通过辛勤劳作在居住的山区修造了梯田人工生态系统，在小农经济时代过上了较好的生活，但是历史上成就了哈尼人的这些大山今天成了哈尼人奔向现代化难以逾越的障碍。克服这个障碍的最基本办法无非是两条，一是建设通畅的交通网，连通哈尼人的村村寨寨；二是把过于分散居住和生产生活条件恶劣的哈尼人搬出大山。这两个途径首先都需要大量资金投入，其次是搬迁还需要有适宜生产、生活的土地，B县靠自身的条件都是难以解决的。

B县是多民族生活的地方，在连绵不绝的大山中，当地的各民族在历史上形成了各自在不同高度地带生活的垂直分布格局。在同一座大山上，生活在半山腰的哈尼族与生活在山顶的彝族和生活在山脚下山谷中的傣族、汉族拥有一个共同的生态系统，生活在不同高度地带的各民族的生产和生活是相互联系相互影响的，因此各民族要树立共同发展观念，要有命运共同体意识，在发展的道路上相互扶持，合作共赢。鉴于哈尼族的贫困面较大与其生存环境存在密切关系，建议各级政府在制定扶贫政策时考虑不同海拔高度地带的差异化政策。

哈尼族生活集中的崇山峻岭处于重要的水源地或水土保持区。哈尼族聚居区的生态安全关系着整个红河水系的生态安全，也是西南绿色生态安全屏障的重要组成部分。因此，要将整个哈尼族聚居区的生态保护问题纳入云南省乃至国家的生态保护框架内，建立和完善合理的制度加以保障。国家和云南省应当出台生态补偿政策，对哈尼族为生态环境保护所做的贡献实施经济奖励补助。哈尼梯田是人类对山地生态环境的保护式利用的典范，国家如果对现有哈尼梯田的耕种实行适当的补贴政策，不仅有利于世界遗产的保护，也有利于哈尼文化传承，社会稳定，经济发展。

第六章　C 县哈尼族农村居民的脱贫之路

一、研究过程

2018 年 1 月 25—26 日，顾宝昌教授、舒星宇博士和朱晓博士组成的调研团队在云南省 Y 市 C 县展开《哈尼族农村居民综合发展及其影响机制研究》的调研。课题组于 1 月 25 日上午以座谈的形式听取了 C 县县级各部门有关扶贫工作的报告，重点了解 C 县各部门是如何开展精准脱贫工作以及扶贫工作中成功或失败的经验、精准脱贫及发展致富的瓶颈。1 月 25 日下午，调研组一行三人去 ML 乡，对 ML 乡的书记和乡长就乡镇级乡村振兴及精准脱贫进行访谈，并走访了两个已脱贫的农户，了解脱贫户的家庭生计状况。1 月 26 日上午，调研组一行三人考察了 C 县易地扶贫搬迁的安置点澜普村，并走访一个建档立卡的搬迁户，就搬迁后的家庭生产经营活动进行交流。1 月 26 日下午，调研组到 C 县贫困居民比重较大的山区农业贫困乡——YJ 乡进行调研，对副乡长和乡长就 YJ 乡的扶贫攻坚发展思路进行交谈，并走访 1 个已脱贫的建档立卡贫困户（科技示范户）。1 月 26 日傍晚，调研组对 C 县的副县长就全县精准脱贫及地区发展进行专访。

二、研究结果

（一）C 县基本情况

根据史籍记载，公元前 3 世纪活动于大渡河以南的“和夷”部落，即哈尼族的先民，在公元 4 世纪到 8 世纪的初唐期间，部分向西迁移到 C 以西达澜沧江地区。因此，哈尼族现今主要分布于中国云南元江县和澜沧江之间，聚居于红河县、江城、墨江县及新平、镇沅等县，和泰国、缅甸、老挝、越南的北部山区。

C县哈尼族彝族傣族自治县位于云南省中南部，全县总面积2 858平方公里，总居民22.3万人，少数民族居民以哈尼族、彝族、傣族为主，占比81.6%①。地理坐标为东经101°39′～102°22′、北纬23°18′～23°55′。东与石屏县毗邻，南与红河县相连，西与墨江县接壤，北与新平县紧邻。县境南北长64.5公里，东西宽71.5公里，总面积2 858平方公里。其中，山区面积2 766.54平方公里，坝区面积91.46平方公里。C县有五大特点：第一，茶马古道民族。C县自古以来是重要的交通要道，滇南"茶马古道"中途有许多分支，从C县往东到达石屏县，再由石屏县经蒙自市到达越南。如今交通十分便利，东西南北贯通，国道213线（高速）、国道323线与A县经济干线交叉处，是云南省通往南亚、东南亚的陆路必经之地。第二，生态资源宝库。C县高差海拔悬殊，地形地貌多样，最高点海拔（阿波列山）为2 580米，最低点海拔（小河垤）为327米，相对高差达2 253米。全县跨五个气候类型，即热带、亚热带、北温带、南温带、寒带。特殊的立体气候孕育多样的生态资源，是杧果基因库，共有134种杧果品种。第三，矿产资源丰富。已查明的矿产有金、银、铜、钴、镍、石膏、蛇纹石等，其中镍矿蕴藏量约53.3万金属吨，位居全国第二。第四，避寒养生府邸。县境内各地年平均气温12℃～24℃，最冷月平均气温7℃～17℃，最热月平均气温16℃～29℃。第五，民族歌舞之乡。以哈尼族、彝族、傣族三个少数民族为主体多民族和睦共处的民族自治县，有著名的C县哈尼族彝族傣族自治县民族歌舞团，其表演形式真实地艺术地再现了当地各民族的生活。

C县有3个街道2个镇5个乡81个行政村，其中，县人民政府驻LJ镇。

2017年，C县实现生产总值82.8亿元、同比增长13.5%，规模以上固定资产投资95亿元、增长30%，引进县外国内资金67.5亿元、增长20.5%，社会消费品零售总额27.4亿元、增长12%，城镇居民人均可支配收入34 883元、增长11%，农村居民人均可支配收入12 080元、增长13%②。社会主义进入新时代，C县正结合农业种植加工、小水电清洁能源、光伏发电、

① http://zcfgs.seac.gov.cn/art/2017/6/23/art_9916_283089.html

② http://www.yjx.gov.cn/608309/20180202/733770.html

风电发电、文化旅游产业等五大资源，发挥第一产业优势，加快提升农产品加工第二产业，发展第三产业，打造电商示范平台，全力打造通道经济、热区经济和绿色经济。

(二) C县精准扶贫情况

C县哈尼族彝族傣族自治县是云南省经济社会发展较为滞后的自治县之一，是Y市扶贫攻坚的"硬骨头"、主战场。继2014年至2016年实现2 749户11 252人建档立卡贫困居民脱贫之后，C县紧盯"YY、WZ 2个贫困乡镇脱贫摘帽，14个贫困行政村退出，6 133户24 049名贫困居民脱贫"的目标任务，实施精准扶贫①。截至2017年1月25日，全县累计减贫22 076人，综合贫困发生率降至1.45%，脱贫攻坚工作取得阶段性成效，提前3年达到2020年脱贫目标并巩固提升脱贫成果。如表6-1所示。

表6-1　C县81个行政村基本情况

	贫困村数量	2014年农业居民总户数	2014年农业总居民数	村(居)民小组	建档立卡户数(2014—2017)	建档立卡人数(2014—2017)
GZ街道	0	5 514	17 433	118	162	569
HH街道	0	861	1 693	44	0	0
LJ街道	1	1 258	4 015	75	274	1 083
LT乡	2	2 219	7 827	49	478	1 827
MLZ镇	1	7 487	26 728	136	217	754
ML乡	3	3 652	15 191	43	1 015	3 976
NN乡	5	3 821	18 307	85	887	3 854
WZ乡	6	3 016	10 482	96	1 034	3 870
YJ乡	2	4 314	17 871	54	497	2 028
YY镇	6	8 030	28 959	63	1 550	6 268
总计	26	40 172	148 506	763	6 114	24 229

① http://www.yuxi.gov.cn/xqyjx/20171212/679122.html

（续表）

	2014—2017年脱贫户数	2014—2017年脱贫人数	2017年脱贫户数	2017年脱贫人数	2017年未脱贫户数	2017年未脱贫人数	贫困发生率
GZ街道	137	502	125	468	25	67	0.38%
HH街道	0	0	0	0	0	0	0
LJ街道	255	1 027	158	680	19	56	1.39%
LT乡	436	1 706	213	786	42	121	1.55%
MLZ镇	178	629	173	611	39	125	0.47%
ML乡	917	3 667	370	1 454	98	309	2.03%
NN乡	775	3 451	403	1 770	112	403	2.2%
WZ乡	963	3 683	564	2 127	71	187	1.78%
YJ乡	396	1 667	222	934	101	361	2.02%
YY镇	1 380	5 744	488	1 955	170	524	1.81%
总计	5 437	22 076	2 716	10 785	677	2 153	1.45%

C县贫困村和贫困居民的分布具有不均衡性，随着扶贫力度加大以及扶贫工程的不断推进，贫困居民较多的乡镇不断减少，贫困发生率不断降低，贫困居民的分布越来越向均衡的方向发展。具体来看，C县的贫困村主要集中在YY镇、WZ乡、NN乡，这三个乡镇2014—2017年的建档立卡人数分别为6 268人、3 870人、3 854人，贫困建档率分别为21.64%、36.92%、21.05%。ML乡、YJ乡、LT乡贫困村的数量较少，分别为3个、2个、2个，但其贫困居民数量和贫困建档率较高，分别为3 976人(26.17%)、2 028人(11.35%)、1 827人(23.34%)。除LJ街道以外，GZ街道、HH街道和MLZ镇的贫困村数量最少，并且贫困建档率最低，分别为3.26%、0%和2.82%。2014—2017年，各个乡镇的脱贫成效显著，但脱贫程度存在差异。2014—2017年各个乡镇建档立卡的脱贫率均达到80%以上，从高到低依次排序为WZ乡(95.17%)、LJ街道(94.83%)、LT乡(93.38%)、ML乡(92.23%)、YY镇(91.64%)、NN乡(89.54%)、GZ街道(88.22%)、MLZ镇(83.42%)、YJ乡(82.20%)。2017年脱贫效果最明显的乡镇是GZ街道、MLZ镇和LJ街道，2017年脱贫人数占2014—2017年总脱贫人数的比

例分别为93.23%、97.14%和66.21%。但其他乡镇脱贫人数并未有明显的激增，而是处于稳步减少的阶段，2017年脱贫人数占到已脱贫人数的比例均在57.75%以内。2017年，YY镇和ML乡脱贫的成效最不明显，已脱贫人数中在2017年脱贫的分别占34.04%和39.65%。目前，各个乡镇的贫困居民规模及贫困发生率均处于较低水平，贫困发生率最小为0%，最大为2.20%（详见表6-1）。

（三）C县哈尼族农村居民综合发展情况

一直以来，C县县委、县政府深入贯彻落实中央、省、市关于全面建成小康社会的战略部署，把打赢脱贫攻坚战作为全县重要的政治任务和最大的民生来抓，举全县之力，多措并举、精准发力，以贫困乡镇为重点，实施精准扶贫与基层党建“双推进”①。主要做法是：

1. 精准扶贫改善乡村社会治理结构

精准扶贫通过连横连纵的方式加强了基层组织的建设。以前，贫困地区普遍存在着乡村治理问题，上级政府的农村工作没有抓手；村级组织软、散；村民缺少有效的参与机制。2017年6月23日，习近平总书记在山西省太原市主持召开深度贫困地区脱贫攻坚座谈会上指出，“全国12.8万个建档立卡贫困村居住着60%的贫困居民，基础设施和公共服务严重滞后，村两委班子能力普遍不强，四分之三的村无合作经济组织，三分之二的村无集体经济，无人管事、无人干事、无钱办事现象突出”②。C县副县长认为“十年前，计划经济的影响比较大。当时在乡镇工作，工作方式是一年到县里开三到四个会，按照上面指示工作，现在工作方式开始主动了”。

精准扶贫将各方面的行动整合起来，纵向上由党中央确定的中央统筹、省总负责、市县抓落实的管理体制得到贯彻，四梁八柱性质的顶层设计基本形成，五级书记抓扶贫、全党动员促攻坚。横向上县级不同部门各司其职，将资本、技术、土地、劳力等要素的再组合，重构地方社会图景来实现扶贫工作的效益最大化。如C县民政局主要负责兜底保障，临时救助、特困人员救助、挂钩联系点。教育局主要负责精准识别基本信息的核实、扶贫项目落

① http://zcfgs.seac.gov.cn/art/2017/6/23/art_9916_283089.html

② http://cpc.people.com.cn/n1/2017/0831/c64094-29507970.html

地过程中矛盾纠纷的处理、法制宣传。民宗局主要是宣传政策，多争取少数民族发展资金并开展少数民族的扶贫项目，建立少数民族示范村寨。党校主要是挂靠了一个村并进行帮扶。教育局主要是推行和落实国家教育政策，如Y市实行“三免一补”（“三免”指免课本费、免杂费、免文具费，“一补”指对小学半寄宿制学生和初中困难学生生活给予补助）。人社局从就业扶贫和健康扶贫入手，主要是培训技能、宣传政策、养老医疗保险、人力资源开发。住建局是保障住房安全，主要负责危房改造和易地搬迁。妇联工作是负责国家政策以及男女平等观念的宣传，引导妇女增收并照顾好孩子，提升妇女儿童保护。

将民生和强化贫困区域的公共服务功能合为一体，将贫困居民“需求表达—利益满足—公共服务供给”融入“党委领导、政府主导、社会协同”的治理框架之中，推动当地经济发展和社会问题的解决。如C县通过“五结合”来抓脱贫，具体包括：与产业发展相结合，突出烤烟、林果主导产业，因地制宜发展特色产业、发展规模种植业和养殖业。与基础设施建设相结合，重点抓好水、电、路、网、房，贫困地区民生条件得到改善。与环境卫生整治相结合，乡、村、组三级干部主动作为，积极引导群众对房前屋后进行绿化、美化、亮化，做好垃圾分类处理和填埋，养成良好的卫生习惯。与维护社会稳定相结合，倡导遵纪守法、尊老爱幼，积极化解邻里纠纷，促进社会和谐稳定。与提升幸福指数相结合，完善文化娱乐设施，通过修建文化健身广场、开放农家书屋、组建农村文艺宣传队等形式，进一步充实群众的精神文化生活，提高群众的幸福指数。

精准脱贫推动乡村治理的规范化并提高治理效能。在驻村工作队驻扎之前，很多贫困村由于村级经济长期空白，村干部外出打工挣钱等原因导致村级组织形同虚设，各项工作无法正常开展。一位基层工作人员表示，“过去在村里没事可干，人也空虚，现在精准扶贫，有事可做，比以前更有成就感”。精准扶贫政策下的驻村干部与村级权力精英在扶贫的场域中相互配合而形成的一种治理方式，通过目标设定、任务分解、基层动员、具体实施、验收评估来达成既定目标，通过制定短、中、长期规划，实现过程进度和结果的双重可控，做到精细化管理，确保精准施策。如C县的YJ乡制定了年度脱贫攻坚的作战表，贴于乡镇府门口，不仅使扶贫干部做到心里有数，有章可循，而且也使群众知晓脱贫进程并便于监督。年度脱贫攻坚的作战表的工作内容具体细化为48个细项，涵盖贫困户脱贫（“两不愁”、住房保障、就学保障、医疗保障、养老保障、扶贫建档）、贫困村出列（贫困发生率、道路硬化到村、贫困村通电、通广播电视、网络宽带、饮水保障、卫生室建设、公共活动场所、适龄儿童上学、集体经济收入）、扶贫开发成效考核（三率一度、精准帮扶、减贫成效、扶贫资金）、基础工作（扶贫政策和民情了解、档案收集整理、扶贫项目、声像档案收集、建档立卡户材料收集、村情资料收集、C/D危房改造、易地搬迁、电子信息录入、扶贫项目验收、明白卡核实比对、主题实践活动、环境卫生工作、纸质文档和电子信息比对、扶贫对象动态管理、存疑数据核查、报告撰写、贫困监测工作、典型事迹收集、贫困村脱贫户后续发展方案、乡组织模拟验收、数据准确性核实）、持续整改工作等，每项工作内容都对应工作要求、完成时限、责任人、责任单位、验收人、责任领导和完成情况（见图6-1）。除年度工作细化后，YJ乡每一周都会制定出完整的扶贫工作清单，便于扶贫工作的开展，如图6-1所示。扶贫攻坚的部分工作内容也有进一步的细化方案，如D级危房改造，详细罗列了贫困户的基本情

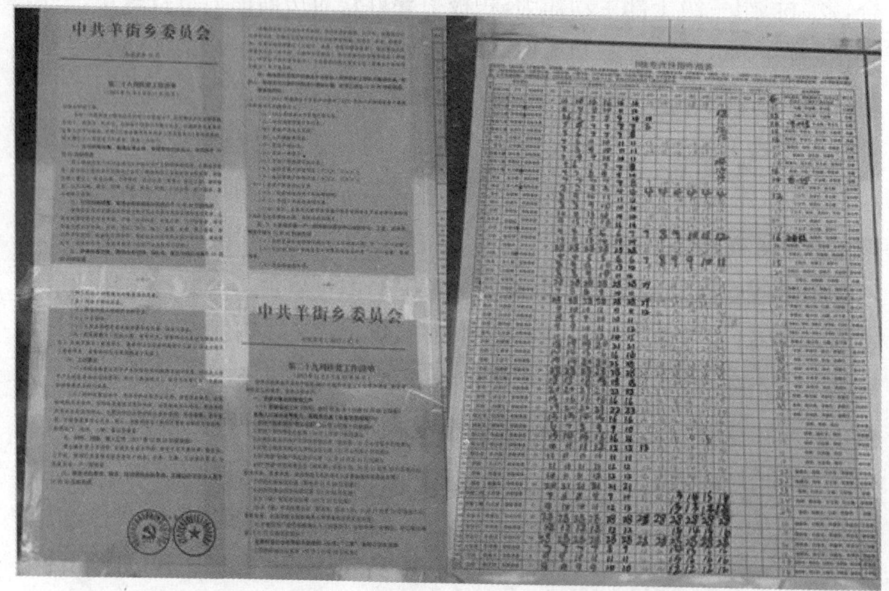

图6-1　2017年C县YJ乡脱贫攻坚作战图

况、改造类别、挂包情况和施工方，并严格按照时间来管控施工的各个进度(将整个施工进度分为30个步骤：拆旧房、平整场地、挖基槽、浇垫层、扎地圈梁钢筋、完成地圈梁钢筋、浇地圈梁完成、开始砌砖、砌砖二分之一、砌砖三分之二、砌砖完成、支屋顶木板、开始扎屋顶钢筋、屋顶钢筋完成、浇顶完成、保养期、撤木板、开始安装门窗、门窗完成、开始粉墙、粉墙完成、开始刮仿瓷、刮仿瓷、仿瓷完成、开始外墙刷漆装修、外墙刷漆装修完成、开始铺地板、铺地板完成、所有建房工作完成、农户入住)。对于在危房改造过程中出现的问题，适时通报，严肃处理“慢作为、不作为、不担当”干部，形成“能者上、平者让、庸者下”的工作格局。

2. 政策倾斜使贫困村贫困户得到优先发展

C县县、乡、村三级加强领导，紧紧围绕贫困群众“两不愁、三保障”，围绕“一户一摸底、一户一台账、一户一计划、一人一措施”，切实把脱贫攻坚的办法措施细化到每一个贫困户、每一个贫困居民。首先，精心组织。利用展板、横幅、标语、广播等方式，营造浓厚的脱贫攻坚工作氛围(详见图6-2)。其次，科学规划到位。针对实际，因地制宜、因势利导、因户施策，做到一村一策、一户一法。

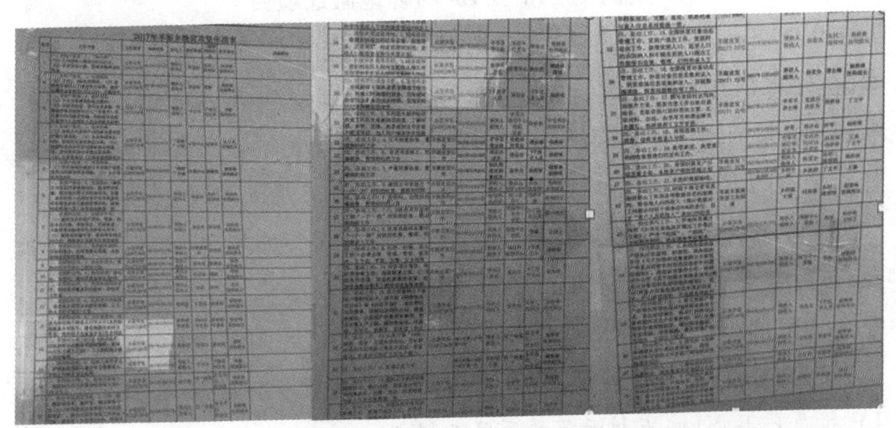

图6-2 YJ乡第二十八周扶贫工作清单、D级危改挂图作战表

第三，项目安排到位。不论是基础设施项目、产业发展项目，还是社会事业发展项目，都优先精准到建档立卡贫困乡镇、贫困行政村、贫困村民小组、贫困居民。第四，帮扶人员到位。根据贫困村实际情况，落实有能力、事业心强的帮扶干部，对贫困户实行“一对一”帮扶。第五，帮扶措施到位。以发展产业脱贫、易地搬迁脱贫、生态补偿扶贫、发展教育脱贫、社会保障兜底脱贫、转移就业脱贫、健康救助脱贫等举措，促使全县脱贫攻坚工作扎实有效推进。如C县LP村的易地搬迁工程(见案例1)。第六，督查问责到位。为确保精准脱贫工作出实招、见实效，C县成立了精准脱贫专项督查组，专门负责精准脱贫工作的督查落实，以严格的督查确保精准脱贫各项措施取得实效。

目前，C县各项扶贫重点项目正在有序平稳推进，整乡整村及“直过民族”(直过民族:特指新中国成立后，未经民主改革，直接由原始社会跨越几种社会形态过渡到社会主义社会的民族)。整族推进项目步伐加快;易地扶贫搬迁项目进展顺利;C/D级危房改造有序进行。贫困乡、贫困村基本实现了行政村通水泥路、安全饮水有保障、有公共活动场所、有标准化卫生室、通10千伏以上动力电、网络宽带覆盖到行政村学校和卫生室、广播电视覆盖率达到100%、贫困家庭适龄儿童入学率和入院率达到99%以上、村集体经济收入均达2万元以上，消除了集体经济“空壳村”[①]。

案例1　YJ乡LP村易地搬迁项目

“LP”是哈尼语，意思是“富饶兴旺的村庄”。LP村原址在YJ乡西北部，全村共有102户440个哈尼人居住在地势较陡的山坡上，村民年均纯收入处于较低的水平。2013年被列入国家级易地扶贫搬迁项目，Y市整合项目资金，对LP村实施易地扶贫整体搬迁。在搬迁规划建设中，YJ乡坚持政府主导、农民主体、规划引领、注重特色、量力而行的原则，以农村民房改造、环境卫生整治、科技文化活动场所建设和村庄绿化、美化、亮化为重点，整合资金，加大投入，加快推进“百村示范、千村整治”工程，切实改善人居环境，提升农民群众生活质量，为加快推进全县美丽乡村建设提供示范。现LP村是C县YJ乡百村示范的项目工程之一。

一、哈尼传统特色民居打造

YJ乡整合易地搬迁、示范村等项目资金，充分挖掘传统民族文化，无论

① http://www.yuxinews.com/xw/sz/2017/12/4235873.shtml

是在色彩还是在风格上，新居都保留传统民风民俗，高起点高标准规划建设，打造哈尼族传统村落，整个村庄到处洋溢着浓浓的哈尼风情。

二、多渠道解决生计难题

易地搬迁后最主要的难题是生计的解决。LP村的做法是引导农民进行土地流转，用于种植和养殖业，加大培训就近就地打工挣钱。LP村距县城只有6公里，有很多剩余劳动力在村周围水果基地打工或者到县城打工。另外，建起了生态养殖小区，统一集中养殖猪牛和鸡鸭，实施人畜分离，实行家禽圈养，方便群众养殖管理，提高收入的同时显著改善人居环境。

三、干净整洁的村居环境建设

村规民约来实行卫生管理制度，让每个村民和家庭参与到村居环境的整治。此外，村居进行两污治理、饮水安全、村庄绿化和庭院美化建设、村内道路硬化、村内党员活动室和科技文化活动场所建设、村庄亮化工程等。

三、C县哈尼族农村居民综合发展影响机制分析

通过与C县各个县级部门的座谈以及入户走访发现，制约C县脱贫以及发展致富的原因各有不同，多达17项。按照不同部门相关领导投票进行排序，脱贫致富排在前四位分别是：(1) 调整产业结构增加产值、扩大产业规模；(2) 加强教育、提高素质、更新观念；(3) 生产技能培训、劳务输出；(4) 改善乡村的人居环境。

(一) 产业结构有待进一步调整

目前，C县坚持因地制宜，集众智、聚合力，深挖产业扶贫模式，培育一批生产、供销、信用三大服务体系可供复制的示范典型，推广带动全县建档立卡贫困乡镇、贫困村、贫困户精准脱贫。根据不同的海拔气候、不同的地理环境布局一批长短结合、以短养长的精准产业。海拔1 600～1 800米区间发展了15万亩核桃，在1 300米左右地带发展4.1万亩桃类，在700～1 200米区间发展12万亩杧果、2.3万亩柑橘，800米以下低海拔区域发展茉莉花、芦荟、火龙果和青枣等产业。培育农产品加工企业168户，农产品

加工产值 83 865 万元，年销售收入 25 亿元①。C 县农产品品种丰富，就杧果而言，多达 140 个品种，但多而不优；品牌多样，但杂而不强；产品体量大，但产业链短。因此，迫切需要产品高质量发展，要像打造烟草产业一样来打造优势农产品，培育出几个像烟草一样的中流砥柱。农户分散、小规模经营的格局与农产品流通大市场之间存在着严重的矛盾。一方面，分散的农户生产不利于规模化、集约化经营；另一方面，分散的农户生产难以获得银行的资金支持，也难以抵挡市场波动带来的风险。此外，产品生产存在“跟风现象”，即农户种东西没有规划，产品没有特点。部分农业产业培植周期长、见效慢，通过产业扶贫带动贫困户增收效果尚未全部显现，需要长期投入才有回报，且因品种、自然灾害、生产技术、市场因素等影响而产生一定的风险，会挫伤农户的积极性。

（二）文化素质偏低且观念有待更新

文化水平低且缺少商品意识。李小云教授认为“现代性伦理”在脱贫致富中具有重要作用，距离现代性伦理的远近程度与脱贫难易程度紧密相关，其中“节俭勤劳”“精打细算”等为现代性观念的重要内容。民族地区贫困人群，或多或少对“节俭勤劳”“精打细算”等现代性观念有着排斥心理，是一个“远离现代性伦理”的群体，而脱贫的难“啃”之处不在于提升收入，而在于提高这些人群和地区的现代化程度②。

ML 乡哈尼王李某的次子李某某教授认为，“哈尼族文明程度滞后，在清朝末年的时候才从奴隶社会走向封建社会，比其他民族晚了一千多年。此外，哈尼族商品意识单薄，游离于市场经济和小农经济之间，比较短视，愿意投入立马见效的产业，因而一些需要投入的产业就发展不起来，那些远离市场经济的人就相对贫困”。

“2016 年的挂靠户，送了 20 多只鸭子，几只猪仔，再去的时候就剩下 3 只鸭子，猪也死了 1 只。我觉得核心问题还是扶智的问题”（一党校工作人员）。

---

① http://zcfgs.seac.gov.cn/art/2017/6/23/art_9916_283089.html

② http://www.hunanmw.gov.cn/tslm_71320/lltt/mzyj/201704/t20170407_4128713.html

争当贫困户的现象较为突出。“争当贫困户的现象在C县比较突出，起初识别不精准，动态管理要剔出去就很难，从而导致贫困户上访”（县扶贫办副主任）。“这里优惠政策太多了，争当低保户贫困户，退出的对象上访的很多”（民政局工作人员）。

因政策等原因而主观上不愿意脱贫。由于贫困户与非贫困户在享受政策实惠上存在较大差异，部分贫困户担心脱贫后干部就不再上门嘘寒问暖，不能再接受帮扶措施，也不能享受帮扶补贴，因习惯于享受国家扶贫政策好处而内心拒绝脱贫。如有的贫困户一遇到生产生活中的问题就给当地干部或帮扶人打电话，理直气壮觉得帮扶人应该帮他解决所有问题，觉得脱贫是当地干部的事情而不是自己的事情。此外，部分非贫困户和贫困户仅在家庭人均收入方面存在微小的差别，但在享受政策支持上存在天壤之别，而非贫困户之所以脱贫可能是工作更加辛劳和勤奋，因此部分非贫困户不理解国家帮扶政策，觉得政策不公，有助长养懒汉的嫌疑。

存在“等、靠、要”的思想。“贫困户评价扶贫满意度的标准就是有没有给他们送钱送物，智力扶贫和其他方式的扶贫都不认可。扶贫干部具体帮扶，凭借个人能力出资出物。觉得现在的政策有助长懒汉的情况，家里面好吃懒做不干活的也有，当然是个别现象，当地群众也不认可，也认为政府和政策在养懒汉。”“主要的原因是‘等、靠、要’思想严重。我们有一个挂靠点，派了第一书记去帮扶，去年去了5次，每次去群众都要比较发放的钱财和实物。我们面对的是老弱病残等对象，民政是主要救助的部门。最大的困难是有些家庭明明家庭有劳力，但就是不想好好发展”（民政局工作人员）。

存在大办丧事和封建迷信思想。“辖区居民封建迷信思想严重，丧葬习俗大操大办，厚葬薄养情况严重，一个丧事办下来可能要花费十几头牛。这就要通过观念扶贫，通过村规民约来改变这种观念”（公安局工作人员）。

（三）技能不够且劳务输出有限

县扶贫办副主任认为，“哈尼族是以务农为主，也有出去打工的，但仍有一些哈尼族人在家待着，不愿出去打工也没有发展动力。比如，有个村子介绍他们出去打工，介绍的人还没到，他们就跑回家了”。“有一个村，前几年县里组织乡里动员，还包了大巴车送到工厂，一个月后30多个人都跑回来了”（党校工作人员）。“现在企业招工要求提高了，我们的劳动力的技能不够。我们在基层培训的时候，没有人参加，因为暂时看不到效益和结果。存在'有人无业，有业无人'的现象。有些人做工不愿意受约束，去几天也待不住"（人社局副局长）。

（四）乡村人居环境有待进一步改善

农村危房改造等重点项目和城乡人居环境综合整治正在有序推进，C县整体的农村人居环境得到了较大改善。但依然普遍存在垃圾乱放乱倒，建筑乱搭乱建，畜禽乱跑、粪便乱排、地膜乱飞，污泥浊水遍地流等"脏、乱、差"现象，农村人居环境综合整治工作任重而道远。目前亟待解决的问题是进一步引导群众，向群众宣传农村人居环境综合整治的目的意义、目标任务和主要举措，做到家喻户晓，人人皆知，得到广大群众的理解、支持和配合，努力营造全民参与的浓厚氛围，让村寨变得更美丽、更干净、更宜居。

C县对于打赢脱贫攻坚战有着足够的信心，未来三年的重心主要是巩固提升。现在C县各个乡镇、各个村存在发展不平衡现象，主要是因为地理位置（离县城近，有区位优势）、基础设施和资源（有无缺水）、自然资源（有没有果木）和产业（有没有烤烟，有没有形成规模）。如何发家致富奔小康是C县未来的发展目标也是难题。除了上述五个方面的制约因素以外，县级各个部门领导还认为有13个方面也有待进一步发展，分别是：(1) 关爱妇女儿童和弱势群体；(2) 上级政策倾斜，加大资金投入；(3) 基础设施建设（交通水利）；(4) 政策宣传到位；(5) 完善相关制度，工作效果落实；(6) 扶持民族贸易企业；(7) 扶持民族学生，学历培养；(8) 提高基层卫生服务质量；(9) 易地搬迁；(10) 发挥基层党组织和党员的模范带头作用；(11) 提供公益岗位给无一技之长的人；(12) 改进干部作风；(13) 提高财政收入，加大财政投入。

四、研究发现的问题

（一）扶贫过程中社会力量参与不足

广泛动员社会力量参与扶贫开发，近年来已被提上了党中央和国务院的重要议事日程。

2016年11月23日，国务院印发的《"十三五"脱贫攻坚规划》强调："广泛动员社会力量帮扶。支持社会团体、基金会、社会服务机构等各类组织从事扶贫开发事业"(国务院,2016)。可见,社会力量扶贫已成为精准扶贫的一种重要方式。从社会学意义上说,所谓社会力量是指与政府、个人相对的一些具有自发性、公益性、慈善性、非营利性、专业性的正式或非正式的社会组织或关系网络(郑杭生,2013),这些组织或关系网络在性质上介于政府与个人之间,是协调和处理两者利益关系的重要纽带。然而,通过这次调查发现,社会力量在扶贫实践中的作用并未充分发挥出来。C县更多是依靠县级部门以及乡镇一级力量打好"组合拳"并大力整合各种资源,深入推进"五个一批""六个到村到户",但较少借助基金会和社会服务机构等各类组织从事扶贫开发,从而在扶贫过程中,社会组织严重缺位。一是和社会组织在民族边疆地区发展不完善有关,二是社会力量参与项目扶贫的价值和社会效益在基层干部意志的主导下被消解。社会力量的缺场既背离新时期创新社会治理体系的政策理念,又严重影响项目扶贫的实践效果,使大量反贫困资源未能充分发挥其应有价值。

(二) 部分扶贫政策与贫困户实际需求存在矛盾

调研过程中有贫困户反映对危房重建以及易地搬迁关于住房面积硬性要求的规定与农户生产、生活实际需要不符,使得部分贫困户对此有一些抵触情绪。云南省人民政府办公厅关于印发云南省易地扶贫搬迁工作整改方案的通知(云政办发[2017]31号)明确指出取消统一的贫困户建房借款政策。此外,通知还规定了建设标准,即建档立卡搬迁居民人均住房面积不超过25平方米,并根据家庭实际居民,按照50、75、100、125、150平方米等户型进行设计和建设,其中,单人单户和2人户安置住房可采取集中建设公寓、与养老院共建等方式解决。中共云南省委办公厅和云南省人民政府办公厅联合印发了《关于加强全省脱贫攻坚4类重点对象农村危房改造工作的意见》(云厅字[2017]18号),提出严格控制建房面积,对4类重点对象D级危房拆除重建后的新房建筑面积原则上1至3人户控制在40～60平方米内,3人以上户人均建筑面积不超过18平方米,不得低于13平方米。当然,这两类政策的初衷是好的,防止贫困户因搬迁或盲目扩大住房面积而举债或增加负债,但关于建房面积的规定和农户的生产、生活实际需求不符。对于收入以种植和养殖为主的农户,家庭的住房不仅仅只是居住的功能,同时还兼具粮食谷物的存贮以及家畜的圈养功能。建房面积的规定只是以家庭现有的居民作为基础，但家庭居民数会随着家庭生命周期的不同阶段发生变化，如有的家庭的子女已到而立之年，面临娶妻生子，因而家庭居民数量的增加会使居住出现过于拥挤的状况。对于大多数农户而言，建房是家里极为重要的事情，极为费事且不会轻易改建和扩建，因此，重建房屋会考虑未来家庭居民的变化以及生产、生活的用途。就政策而言，危房重建是在原址重建，易地搬迁为迁址重建，二者都涉及房屋的重建，但在建房的面积上有不同的规定，这种规定的差异也给当地执政者以及农户带来不少困惑。

（三）易地搬迁的安置和发展挑战重重

一是贫困群众“故土难离”的思想严重，“以地为生”传统观念突出。由于需要搬迁的贫困居民大多居住在边远山区，距县城较远，易地搬迁的结果是“住房迁了，但土地没迁”，住所改善了的同时，赖以生存的土地却变远了，使他们无法管理土地或者由此带来耕种成本的提高。C县人多地少，像LP村这样能安居能发展的情况并不十分普及，由于坝区土地有限，政府很难协调出新的土地给予搬迁户，这就使搬迁户对“失地”与“谋生”的心理负担难以达到平衡。二是支撑产业培育时间漫长，农户生计重构难。C县仍以第一产业为主，新的主导产业发展不成熟，市场中介发育程度低，后续产业培育乏力，对农户的就业创业技术培训等服务的支持力度不足，无疑会影响搬迁后农户生计重构以及“稳得住、能致富”目标的实现。

（四）外出务工与家庭团聚顾此失彼

外出务工或劳务输出是脱贫致富的重要途径之一。然而，完整的家庭因家中劳动力的外出带来了部分家庭结构的消解、家庭功能的失衡、家庭角色的转变，从而产生一系列家庭问题：婚姻的不稳定、留守老人的赡养问题、留守孩子的照料问题、耕地闲置问题等。然而，不外出务工，则会带来收入渠道单一，家庭人均土地较少，难以产生较大的经济收入。当然，农户可以选择离土不离乡的方式，但这又取决于当地第二、三产业发展的程度以及能否提供足够多的就业岗位。因此，这就会给贫困家庭带来两难的处境。

“尤其存在光棍村现象，由于经济条件不好，当地的女性外出打工都外嫁了，本地的男性吃不了苦就回来了，因而找不到媳妇”（扶贫办副主任）。

“留守儿童因厌学而辍学的情况较多，真正因为贫困而辍学的很少。最重要的是‘家庭、家教、家风’建设，现在城里单位上班家庭子女的成绩好，农村孩子既不会干农活也不好好学习，现在是城乡本末倒置了。有些村庄留守儿童高达 40%～70%”(教育局局长)。

“辍学出去挣钱的观念相对少了，大多数父母都希望子女能够好好上学，个别是孩子自己厌学，也是因为父母外出打工不能管教。现在很多父母都是带孩子出去打工，让他们上学”(ML 乡张书记)。

五、研究建议

(一) 优化结构调整，围绕特色产业来构筑经济增长点

从当地的自然条件、生物资源特点和农产品的市场需求出发，发挥比较优势，在“特”字上做文章，在“名、优、稀、新”产品上下工夫，突出特色经济、绿色经济、生态经济，增强竞争力；同时，积极培育新兴产业，要突出优势，着力培育特色种植业、特色资源加工业和特色旅游业，构筑新的经济增长点。由于部分产业培植周期长、见效慢，因此在培育新兴产业同时，还需大力发展短效特色产业，以短养长，长短结合，加快群众脱贫步伐。

(二) 转变思想观念，激发贫困户脱贫致富的内生动力

坚持“富口袋”与“富脑袋”并重，结合党的十九大精神宣讲活动，加强乡村精神文明建设，不断提高群众素质、净化社会风气、改变陈规陋习、培育文明乡风。针对不同类型内生动力不足的问题，区别情况，有的放矢开展群众工作。面对受教育程度低，认知能力差而内生动力不足的农户，应加快扫除青壮年文盲，同时加大技能培训，以农户能够接受的方式传播技能知识，增强培训效果，从而提高劳动技能，实现增产增收。其次，要高度重视贫困地区科教事业发展，加大对贫困地区的文化教育事业投入，改善贫困家庭下一代的文化水平，阻断贫困文化的代际传递，通过代际间科学文化知识和先进理念的反哺来促进贫困户认知观念的转变。

面对价值观念陈旧落后、不讲效益的农户，要着力激发贫困群众发展生产、脱贫致富的主动性，着力培育贫困群众自力更生的意识和观念，引导广大群众依靠勤劳双手和顽强意志实现脱贫致富。依托村级活动中心和文化

阵地，大力开展文化下乡等群体性活动，将文明社区创建、环境综合治理等活动向基层特别是贫困地区延伸，大力倡导开展评选星级文明户、脱贫能人等活动，通过示范带动，逐步引导贫困户养成好习惯、形成好风气、营造好氛围。

面对因政策等原因而主观上不愿意脱贫的农户，加大对“脱贫不脱政策”的宣传力度，做到脱贫不脱政策，脱贫不脱责任，脱贫不脱帮扶，脱贫不脱联系，脱贫不脱考核，继续巩固提升脱贫成果，转变群众思想观念，从“要我脱贫”转变为“我要脱贫”。

(三) 着眼长远发展，着力推进“挪穷窝、换穷貌、拔穷根”

一是因地分类选择安置方式。紧密结合新农村建设和城镇化发展的各种优势资源和政策，充分利用现有土地资源，集中安置，依托小城镇、旅游景区、当地企业、建特色民族村寨等方式进行安置，为搬迁户创造就业岗位，支持鼓励搬迁户进行创业。二是加快搬迁后续产业发展，推进农业产业化经营，在农户产业发展和项目经营方面进行长期跟踪和定向指导，帮助搬迁群众找到稳定收入之路。如建立现代化的种养基地、培育市场中介组织、加强社会化服务体系建设等，妥善解决生计问题，不断改善搬迁户的生产、生活。建立并加强“龙头企业＋专业合作组织＋搬迁群众”的利益联结机制，采取订单帮扶、土地托管、合作入股等方式，带动搬迁群众整体脱贫。

第七章　云南省哈尼族农村居民的脱贫策略和建议

一、云南省哈尼族农村居民的“精准扶贫”效果

近年来，随着各项精准扶贫、精准脱贫政策举措的逐步落实，哈尼族农村居民的生活境况已经有所改善。此次调查研究发现，A 县、B 县、C 县都对精准扶贫工作高度重视，努力根据党中央扶贫攻坚战略思想，认真部署，多方谋划，贯彻落实，紧紧围绕解决当地贫困居民的“两不愁、三保障”和精准脱贫工作要求，在增加贫困对象收入，保障他们的衣食住行和教育、医疗方面全力推进脱贫攻坚工作。

A、B、C 三县为此出台了多项扶贫相关管理政策和措施，对贫困对象进行了严格的动态管理，采取了产业扶贫、住房保障帮扶、教育帮扶、健康帮扶、转移就业等措施，扶贫攻坚在贫困居民脱贫和贫困村脱帽两个方面均取得了显著成效。

A 县发展了热谷生态农业和林果业模式、“稻田鸭”综合养殖模式、万亩梯田旅游促进脱贫致富项目；B 县的特色韭菜种植产业、荷兰豆种植产业、生猪养殖等产业扶贫项目效果显著；C 县采取了精准扶贫改善乡村社会治理结构，政策倾斜使贫困村贫困户得到优先发展的扶贫措施。截至调查时，三县扶贫攻坚工作取得阶段性成效，干部群众对达到 2020 年脱贫目标充满信心。

二、云南省哈尼族农村居民在综合发展方面需要注意的问题

本研究发现哈尼族聚居的 A、B、C 三个县的农村贫困居民在其综合发展方面存在着如下一些需要注意的共性问题和影响因素：

(1) 文化素质低。调查发现，三县贫困居民的文化程度普遍不高，大多

只有小学文化程度，文盲半文盲、初中文化程度其次，而高中以上文化程度非常罕见。各县贫困家庭的平均文化程度整体上为小学水平。与建档户平均水平比较，已脱贫户的文化程度相对较高。而返贫居民的文化程度也以小学、初中、文盲半文盲为主。

(2) 残疾率高。三县哈尼族脱贫家庭平均病残人数为 0.3 人，与其他少数民族家庭中户均残疾人数有 0.2 人的差距。未脱贫家庭病残率明显高于已脱贫家庭，返贫户平均残疾人数为 0.2 人。实地走访中发现，哈尼族群众慢性病中关节炎的患病率较高。值得注意的是，在残疾人群中智力残疾较多，是否与生活环境、婚姻圈、生活习惯有关，需要进一步深入研究，开展专题调查。

(3) 居住环境制约生产力发展。哈尼族农村居民大多世代居住在山地、半山地地区，主要经济生产是以梯田粮食种植业为主，耕地稀少，耕种不便，原始、传统农业生产方式十分普遍，因此生产成本高，生产效益低，生产力水平相对低下。同时，道路交通、基础设施建设滞后，居民与外界接触机会少，商品意识差，运输成本高，更进一步制约了经济的发展。

(4) 外出打工质量不高。被调查地区的哈尼族农村青年，由于自身文化素质限制和信息短缺，还有相当一部分农村青年没有外出打工。已经外出打工的，大多从事建筑业和服务业，收入较低。因此，既没有在外出打工过程中掌握更多实用性技能，以便将来能够以此为生、脱贫致富；更没有因此形成能够带动家乡发展的“聚集性”产业力量。

(5) 传统生活方式影响脱贫。哈尼族传统生产生活方式为“以地为生”“靠天吃饭”，不易接受新的生产、生活方式，影响内生动力的激发，普遍的生产种植模式是“种下去就不管了，长什么就什么”。同时，在传统生活方式方面还存在个人卫生习惯差、村落村居公共卫生基础设施匮乏和建设落后的问题，使得当地群众容易罹患疾病，从而可能导致因病返贫的问题。

(6) 缺少致富带头人。调查中发现许多贫困群众知道自己生活差，也想脱贫，但不知道怎样脱贫。说明贫困户身边缺少发展经济的带头人，缺少示范效应的激励作用。这类人群在脱贫过程中缺少自身定位，缺少开拓精神，没有发展方向，在脱贫过程中的不知所措就可能表现出缺少行动，甚至没有行动，缺少个人能动性。

三、云南省哈尼族农村居民脱贫致富对策

针对研究过程中发现的影响哈尼族农村居民综合发展的因素和扶贫攻坚工作中的问题，提出了以下对策：

（一）推进国家扶贫

党和政府十分关心少数民族的发展，习主席2015年来云南调研时要求，“不能让一个兄弟民族掉队”“各民族都是一家人，一家人都要过上好日子”。多项评估指标都可以看出，哈尼族整体上现在在中华民族大家庭中处于相当落后的位置。要改变哈尼族的落后状况，哈尼族自身固然要自我革命、奋起直追，但哈尼族现在面临的一些困难可能是自身难以克服的，最突出的问题就是哈尼族的生活环境阻碍了发展。1300年前哈尼族来到哀牢山区和无量山区定居普遍都住在了山区、半山区，哈尼人通过辛勤劳作在居住的山区修造了梯田人工生态系统，在小农经济时代过上了较好的生活，但是历史上成就了哈尼人的这些大山今天成了哈尼人奔向现代化难以逾越的障碍。克服这个障碍的最基本办法是两条，一是建设通畅的交通网，连通哈尼人的村村寨寨；二是把过于分散居住和生产、生活条件恶劣的哈尼人搬出大山。这两个途径首先都需要大量资金投入，其次是搬迁还需要有适宜生产、生活的土地，哈尼族靠自身的条件都是难以解决的。

哈尼族生活集中的崇山峻岭处于重要的水源地或水土保持区，哈尼族聚居区的生态安全关系着整个红河水系的生态安全，也是西南绿色生态安全屏障的重要组成部分。因此，要将整个哈尼族聚居区的生态保护问题纳入云南省乃至国家的生态保护框架内，建立和完善合理的制度加以保障。国家和云南省应当出台生态补偿政策，对哈尼族为生态环境保护所做的贡献实施经济奖励补助。哈尼梯田是人类对山地生态环境的保护式利用的典范，国家如果对现有哈尼梯田的耕种实行适当的补贴政策，不仅有利于世界遗产的保护，也有利于哈尼文化传承，社会稳定和经济发展。鉴于哈尼族的贫困面较大与其生存环境存在密切关系，建议各级政府在制定扶贫政策时考虑不同海拔高度地带的差异化政策。

（二）推进基础设施扶贫

加大哈尼族贫困地区道路交通项目投入力度和建设力度，积极争取国

家和省级贷款项目，完善县、乡、村三级道路的改建、扩建和道路硬化工作，在道路建设过程中，特别要注重质量及道路两侧的山体防滑坡的加固，以避免增加维护成本及雨季的山体滑坡影响道路畅通，建设等级最好一次到位，可以先做300公里，再做400公里，每次做到位，不要反复投入，不断重复。建议适时考虑开展田间机耕路等农业基础设施项目，方便山区群众从事农业生产，增加群众土地的附加值。

要用发展的眼光而不是救灾过渡的标准建设扶贫基础设施，否则贫困地区永远落后，经费投入效益打了折扣。比如住房建设，农村住房修缮周期如果一般在15年上下的话，那么现在的住房重建或改造应该至少按10年不落后的标准建设。

对于政府来讲，必须加大对这些落后地区的投入，尤其是道路、水利等基础设施以及医疗和教育保障等具有普惠性质的项目投入，从而在整体层面激活贫困地区的发展活力，转变和提高哈尼族农村居民的原始生产生活观念，积极引导他们将其特殊的文化向外界交流展示。

（三）推进教育、健康扶贫

根据2010年居民普查数据，中国56个民族的居民现代化程度，哈尼族列第49位。其中两个关键指标排位很靠后，平均受教育年限6.44年，列第47位；城镇居民比例17.36%，列第48位，说明哈尼族需要提高居民受教育水平、城镇化水平、产业非农化水平，才能真正带动哈尼族居民实现农村和农业现代化。

对于哈尼族而言，“公共服务设施”的短板主要是教育和医疗卫生设施不足，不仅缺乏硬件设施，而且缺乏专业技术人员。教育和医疗卫生两者当中，短期作用医疗卫生更大，长远影响教育更大。对于劳动者而言，教育不仅可以增加他们的生产知识和技能，还可以扩大视野，更新观念，增强信心。学校好了，教学质量高了，知识水平高了，家庭发展有了能力，就可以改变传统的生产、生活方式，同时父母的教育水平提高还可以防止贫困的代际传递。在进一步普及义务教育的同时，开展职业技能教育和成人教育大幅度提高哈尼族农村居民素质，通过基础教育和各种层次、各种内容的技术教育，提高哈尼族农村居民的农业生产技能、非农业技能、劳务转移以及择业能力，提高哈尼族农村居民在市场经济环境下的自我生存能力、自我选择能力和自主发展能力。

（四）推进就业扶贫

哈尼族农村居民务农增收潜力有限，外出务工成为当地农村居民脱贫致富的主要途径，通过外出务工，能够使他们增加收入、开拓眼光、提高技术、落实收入。但是，外出务工人员在外地从事的工作，绝大多数以体力劳动为主，很少有人能够从事技术工种，因此收入偏低，他们在外地适应性不良，持续工作的动力不强，返乡继续发展能力不足。因此，建议由政府和社会团体组织当地农村居民进行基础职业培训，提高劳动力素质。可以和已经引进的东部地区企业合作，在他们外出之前进行先期培训，作为劳动力储备；也可以和当地及周边地区的职业或高职院校合作，开展针对外出务工人员的职业技能培训。同时，对外出务工人员进行系统化、有组织的管理，从招工开始，到培训、外出、上岗、后续管理等一系列工作，政府应当和企业进行有序对接，对当地的劳务输出提供保障。

（五）推进思想扶贫

坚持"富口袋"与"富脑袋"并重，结合党的十九大精神宣讲活动，加强乡村精神文明建设，不断提高哈尼族群众素质、净化社会风气、改变陈规陋习、培育文明乡风。针对不同类型内生动力不足的问题，区别对待，有的放矢开展群众工作。面对受教育程度低，认知能力差而内生动力不足的农户，应加快扫除青壮年文盲，同时加大技能培训，以农户能够接受的方式传播技能知识，增强培训效果，从而提高劳动技能，实现增产增收。其次，要高度重视贫困地区科教事业发展，加大对贫困地区的文化教育事业投入，改善贫困家庭下一代的文化水平，阻断贫困文化的代际传递，通过代际间科学文化知识和先进理念的反哺来促进贫困户认知观念的转变。

面对价值观念陈旧落后、不讲效益的农户，要着力激发贫困群众发展生产、脱贫致富的主动性，着力培育贫困群众自力更生的意识和观念，贫困户"不劳动不扶持""帮勤不帮懒"激发贫困户内生发展的意愿与动力。依托村级活动中心和文化阵地，大力开展文化下乡等群体性活动，将文明社区创建、环境综合治理等活动向基层特别是贫困地区延伸，大力倡导开展评选星级文明户、脱贫能人等活动，通过示范带动，逐步引导贫困户养成好习惯、形成好风气、营造好氛围。

面对因政策等原因而主观上不愿意脱贫的农户，加大对“脱贫不脱政策”的宣传力度，做到脱贫不脱政策，脱贫不脱责任，脱贫不脱帮扶，脱贫不脱联系，脱贫不脱考核，继续巩固提升脱贫成果，转变群众思想观念，从“要我脱贫”转变为“我要脱贫”。

（六）推进产业扶贫

从当地的自然条件、生物资源特点和农产品的市场需求出发，发挥比较优势，在“特”“绿”上做文章，在“名、优、稀、新”产品上下工夫，突出特色经济、绿色经济、生态经济，增强竞争力；同时，积极培育新兴产业，要突出优势，着力培育特色种植业、特色资源加工业和特色旅游业，构筑新的经济增长点，增强贫困地区的“造血功能”，改变“输血”式扶贫。由于部分产业培植周期长、见效慢，因此在培育新兴产业同时，还需大力发展短效特色产业，以短养长，长短结合，加快群众脱贫步伐。

四、云南省哈尼族农村居民脱贫致富建议

（一）要着重采取有针对性的措施优先解决区域扶贫问题

虽然同属哈尼族聚居区，但是C县的贫困程度相对较轻，而A县的脱贫任务就相对艰巨。这说明贫困问题是区域性的问题，而并不是民族性的问题。哈尼族农村贫困居民是能够脱贫致富的，要增强脱贫致富的信心。同时，需要在扶贫攻坚过程中要把解决区域贫困放在优先的地位，认真分析当地的道路交通、基础设施、文化教育等多方面情况的特点，着重采取有针对性的措施首先解决区域扶贫问题。

（二）发掘当地致富带头人的示范引领作用

发现并培养当地村居、乡镇的“致富带头人”，鼓励先富带后富。同时对通过自身努力实现脱贫的典型要大力表彰，广泛宣传，这不仅是对脱贫户的积极肯定，也是对未脱贫户的一种示范效应。比如A县利用哈尼梯田“世界文化遗产”、全球重要农业文化遗产品牌和马帮侨乡文化资源，在当地致富带头人的引领下积极开办农家乐、乡村客栈、特色民宿，创造了就业机会，治理了村落环境，甚至改变了民风村风，直接拉动300余名、间接拉动800

余名贫困居民脱贫。在扶贫工作中,对各地已经出现的这些行之有效、深受欢迎的成功经验要下大工夫认真总结,大力推广。要大力树立"发奋脱贫"的典型,形成"勤劳致富"的社会氛围。

(三) 区分扶贫和救助的不同

目前的扶贫工作区分了贫困户和非贫困户,贫困户能够获得政府的大量扶持资源,而通过自身努力成为"非贫困户"的却"什么也没有",造成有的村出现非贫困户与贫困户间形成对立的现象。课题组认为,应当真正精准识别各类对象,采取分类帮扶的措施。对于那些真困难、真贫困,老弱病残的对象,应当采取社会保障兜底的措施解决他们的生存困难问题。对于那些身体、心智尚健康的对象,应当采取措施促进其发展能力,解决发展动力不足的问题。而对于那些依靠自身努力,达到非贫困户标准的对象,应当采取正向激励措施,树立正面典型。精准扶贫不应当变成救助贫困,不应当鼓励"懒汉",甚至形成"奖励贫困"的错觉。应当进一步改进工作方法,继续坚持和加强基本公共服务,不只关注真正的贫困对象,更要肯定那些依靠自身能力,勤劳脱贫的非贫困对象。

(四) 鼓励和引导群众外出打工

外出打工,不但成为一些哈尼族农村居民家庭创收的一项主要活动,使得家庭的收入情况大大改善,同时外出打工有利于开阔眼界,转变思想观念,增强勤劳发奋、脱贫致富的动力和信心。比如,LY 乡有一对夫妻一起外出打工多年,积攒了 10 多万存款。他们最终考虑不能在外打工一辈子,最终拿着存款回乡创业,开办了养猪场,成为当地致富能手,还带动了当地群众的脱贫致富。课题组建议,当地政府要多组织外出打工的人向依然固守家园的村民介绍外出打工的经验体会,一方面将外面的信息带回到山村,另外一方面也能为当地的发展献计献策,并能激励那些懒惰的、能力不强的、观念落后的人到外面的世界看一看,"走出去才能改变观念,才能改善生活"。同时,想方设法引导当地群众在外打工过程中主动掌握一技之长,突破打工行业的低层次限制,增加收入。

(五) 考虑群众在危房改造和异地搬迁的实际需求

现有的危房改造政策为确保不增加贫困户负担,严格限制了建筑面积,比如要求“家庭成员4个人的居民户，居住房屋建筑面积不能超过18平方米”。但是，这样一个惠民政策却受到很多抱怨。原因在于，这两类政策的初衷是为了防止贫困户因搬迁或盲目扩大住房面积而举债或增加负债，形成“盖房致贫”。但需要注意的是，关于建房面积的规定与农户的生产、生活实际需求不符。尤其是对于以种植和养殖为主的农户，家庭的住房不仅仅只是居住的功能，同时还兼具粮食谷物的存贮、工具存放以及家畜的圈养功能。这样一来，原本农村居民家庭需要的必要的庭院、方便存放农业生产工具的房间和仓库、库房等需求就可能得不到满足。因此，课题组建议在危房改造的认定和建设方面，既要考虑适当的标准，不增加老百姓的负担，也要考虑到老百姓的生活习俗和实际生活、生产需要为宜。

对于那些确实因为环境原因不适合居住的村庄，积极动员居民进行异地搬迁安置是必要的，同时要注意和当地群众积极协商，使他们能以参与的方式投入到对异地搬迁安置点的选址、规划和建设需求的决策和实施过程中来，寻找一块适合发展的平地逐步搬迁，使之既适合生活居住，又便于生产发展。避免出现因易地搬迁导致“住房迁了，但土地没迁”，为耕种来回奔波的局面，使老百姓无法管理土地或者由此带来耕种成本的提高的问题。

（六）探讨多模式的脱贫和发展路径

“扶贫攻坚”“精准扶贫”是今天我们这个时代的奋斗目标，我们不但需要着眼通过今天的扶贫措施，解决贫困对象的绝对贫困问题，更需要通过今天的实践，找到一条适合当地未来发展的可持续的道路，要从脱贫走向致富。课题组认为，在解决哈尼族群众脱贫问题的同时，应当积极探讨多模式的发展路径和方式，比如教育扶贫、异地搬迁、产业帮扶和社会保障兜底等多种方式或措施并举，实现从精准扶贫走向可持续发展。

附件:访谈提纲

附件 1:县级部门集体座谈会提纲

参会人员:县教育、民政、住建、社保、农林、卫计、残联、妇联、公检法等职能部门分管或者具体负责扶贫工作的人员

访谈内容:

1. 请各部门参会人员简单介绍自己的年龄、学历、工作经历、现在具体负责或者从事的工作情况?

2. 请从各自部门角度谈谈对精准扶贫的认识?

3. 请再从个人角度谈谈对精准扶贫的感想和认识?

4. 请介绍您所在部门在扶贫工作中的部门协调是如何操作的?

5. 请介绍您所在部门是否下发了具体的扶贫方案、措施或者有具体的扶贫项目?

6. 请评价您所在部门在扶贫工作中的作用?

7. 请介绍您所在部门近几年在扶贫工作中的成功或者失败的经验?

8. 您认为当地扶贫工作最大的障碍和困难是什么?

9. 您认为当地少数民族贫困对象致贫的原因主要有哪些?

10. 您认为当地少数民族贫困对象脱贫致富的主要途径应当是什么?

11. 您对当地扶贫攻坚的建议和意见是什么?

12. 您认为截至 2020 年,当地扶贫攻坚最应当抓紧的有哪几件事或者工作?(依照重要性和紧迫性举例 5 件)

附件 2:县级个别访谈提纲

访谈对象:县分管扶贫工作的书记、县长,县扶贫办主任

访谈内容:

1. 请您简单介绍自己的年龄、学历、工作经历、现在具体负责的工作情况？在扶贫工作中的角色和责任？

2. 请介绍全县基本情况、全县贫困情况，包括贫困对象情况（动态管理7类对象的大致数量和比例情况）、贫困原因等？

3. 请介绍国家、云南省对当地扶贫工作的支持性政策和具体措施有哪些？

4. 请介绍县级精准扶贫工作的规划和战略安排如何？近几年有什么变化？

5. 请介绍精准扶贫工作开始以来，全县扶贫工作的具体举措？

6. 请评价这些举措取得的效果？其中最值得借鉴和推广的经验是什么？

7. 您认为目前当地扶贫工作最大的障碍和困难是什么？

8. 您认为当地经济状况较好的乡镇与经济状况较差的乡镇最大的差别是什么？各有什么特点？

9. 您认为当地少数民族贫困对象致贫的原因主要有哪些？

10. 您认为当地少数民族贫困对象脱贫致富的主要途径应当是什么？

11. 您认为截至2020年，当地扶贫攻坚最应当抓紧的有哪几件事或者工作？（依照重要性和紧迫性举例5件）

12. 您对当地完成脱贫攻坚任务还有哪些建议和意见？

附件3：乡镇个别访谈提纲

访谈对象：乡镇党委书记、乡镇长、驻乡镇扶贫干部（专干）

访谈内容：

1. 请您简单介绍自己的年龄、学历、工作经历、现在具体负责或者从事的工作情况？

2. 请介绍您所在乡镇的基本情况、贫困对象情况？

3. 请从乡镇一级谈谈对精准扶贫的认识？

4. 请再从个人角度谈谈对精准扶贫的感想和认识？

5. 请介绍您所在乡镇近几年的居民、经济、社会事业的发展变化？

6. 请介绍您所在乡镇近几年接受的国家级、省级、县级扶贫帮助措施及其效果?

7. 请介绍您所在乡镇近几年在扶贫工作中做得最多的工作是什么?

8. 请介绍您所在乡镇近几年在扶贫工作中取得的最大成果是什么?

9. 您认为当地扶贫工作最大的障碍和困难是什么?

10. 您认为当地少数民族贫困对象致贫的原因主要有哪些?

11. 您认为当地少数民族贫困对象脱贫致富的主要途径应当是什么?

附件 4:村级个别访谈提纲

访谈对象:村支书、村主任、驻村扶贫干部;贫困户(新纳入户、建档立卡户、返贫户其中 1 户即可)、脱贫户、非贫困户(最好是当地致富户)各 1 户户主或者主要家庭成员 1 名

访谈内容:

访谈对象	访谈问题
村支书、村主任、驻村扶贫干部	1. 请介绍村基本情况、贫困对象情况?
	2. 贫困对象的主要致贫原因是什么?
	3. 精准扶贫的效果如何?
	4. 脱贫的主要困难是什么?
	5. 您在精准扶贫中的主要工作及其感想?
贫困户、脱贫户、非贫困户(致富户)群众	1. 请介绍您的家庭基本情况?
	2. 原来或者现在成为贫困户的主要原因是什么(不问非贫困户)
	3. 近几年您家得到了哪些扶贫支持措施? 这些措施是否对您家的贫困情况有所改善?(不问非贫困户)
	4. 您对目前的生活状态满意吗? 满意与不满意的原因是什么?
	5. 五年内期望家庭发生什么样的变化?
	6. 您家依靠什么措施脱贫的? 您担心返贫吗?(只问脱贫户)
	7. 您家情况较好,主要是因为什么? 您是否考虑过帮助同村其他村民脱贫致富奔小康? 您觉得本村贫困对象的主要致贫原因是什么? 您觉得他们脱贫应当从政府和个人层面采取哪些措施?(只问非贫困户)